LES IDÉES MORALES ET LES GRANDS MORALISTES

PAGES CHOISIES

PAR

J. VAUDOUER
PROFESSEUR AU LYCÉE FÉNELON

L. LANTOINE
PROFESSEUR AU LYCÉE RACINE

LES STOÏCIENS

ÉPICTÈTE

MARC-AURÈLE

PARIS

Librairie d'Éducation nationale

A. PICARD ET KAAN, ÉDITEURS

11, RUE SOUFFLOT, 11

Propriété réservée.

LES GRANDES IDÉES MORALES ET LES GRANDS MORALISTES

LES STOÏCIENS

ÉPICTÈTE

MARC-AURÈLE

Paris. — Imp. A. Picard et Kaan, 192, rue de Tolbiac. 708. C.C.

LES GRANDES IDÉES MORALES ET LES GRANDS MORALISTES

PAGES CHOISIES

PAR

J. VAUDOUER	L. LANTOINE
PROFESSEUR AU LYCÉE FÉNELON	PROFESSEUR AU LYCÉE RACINE

LES STOÏCIENS

ÉPICTÈTE
MARC-AURÈLE

PARIS

Librairie d'Éducation nationale

A. PICARD ET KAAN, ÉDITEUR

11, RUE SOUFFLOT, 11

Propriété réservée.

INTRODUCTION.

I

L'école stoïcienne eut pour chef Zénon qui, dans la seconde moitié du IVᵉ siècle avant Jésus-Christ, enseignait sous le Pœcile, célèbre portique d'Athènes (1).

La doctrine stoïcienne compta à Rome de nombreux adeptes. On peut citer, parmi les plus fameux, Sénèque, précepteur de Néron, l'esclave Épictète et l'empereur Marc-Aurèle.

La vie d'Épictète est peu connue; son nom même n'est qu'un adjectif signifiant *esclave*. Il vécut au Iᵉʳ siècle après Jésus-Christ; on pense qu'il était originaire de l'Épire. Une anecdote fameuse nous montre son maître Épaphrodite, affranchi et capitaine des gardes de Néron, lui cassant la jambe dans un instrument de torture sans parvenir à lui arracher une plainte.

On ignore à quel moment il devint libre; on sait seulement qu'il se retira en Épire vers l'an 90, à la suite d'un décret de Domitien qui bannit de Rome tous les philosophes, et qu'il devint ensuite un familier de l'empereur Adrien. Il était resté très pauvre et vivait avec une extrême frugalité.

L'enseignement d'Épictète se trouve résumé dans deux ouvrages, le *Manuel* et les *Entretiens*, qui ont été rédigés en langue grecque par son disciple Arrien, car lui-même n'a rien écrit. Le *Manuel* est comme un abrégé des *Entretiens* et semble destiné à un jeune disciple qui aspire à devenir philosophe. Les *Entretiens* comprenaient huit livres dont les quatre premiers nous sont seuls parvenus.

II

Épictète attache une très grande importance à l'idée de la liberté morale, qu'il entend surtout comme la liberté de juger. Être libre, selon lui, c'est ne pas dépendre des choses extérieures, et nous

(1) Le mot grec στοα (stoa) veut dire *portique* d'où le nom de *Stoïcisme* donné à cette doctrine, qu'on appelle aussi parfois la doctrine du *Portique*.

n'en dépendons que si nous les jugeons mal. Croire, par exemple, que la pauvreté, la souffrance ou la mort sont redoutables, c'est nous rendre esclaves de tous ceux qui peuvent nous les faire éprouver. Mais si nous ne nous laissons pas troubler par les images de ces choses, si nous n'avons pour elles ni désir ni aversion, notre liberté demeure entière.

Le sage consent d'avance à tout ce qui pourra lui arriver, il est indifférent à tout ce qui n'est pas la vertu; il n'a donc, contre ses semblables, aucun motif de haine ni d'envie; il ne profère aucune plainte contre la divinité qui a établi l'ordre du monde. Son unique souci est de cultiver sa raison et de réprimer ses passions.

ÉPICTÈTE

MANUEL [1]

EXTRAITS.

I

Distinction entre ce qui dépend de nous et ce qui n'en dépend pas.

1. Parmi les choses, les unes dépendent de nous, les autres n'en dépendent pas. Celles qui dépendent de nous, c'est l'opinion, le vouloir, le désir, l'aversion : en un mot tout ce qui est notre œuvre. Celles qui ne dépendent pas de nous, c'est le corps, les biens, la réputation, les dignités : en un mot tout ce qui n'est pas notre œuvre.

2. Et les choses qui dépendent de nous sont par nature libres ; nul ne peut les empêcher, rien ne peut les entraver ; mais celles qui ne dépendent pas de nous sont impuissantes, esclaves, sujettes à empêchement, étrangères à nous.

3. Souviens-toi donc que, si tu crois libres ces choses qui de leur nature sont esclaves, et propres à toi celles qui sont étrangères, tu seras entravé, affligé, troublé, tu accuseras dieux et hommes. Mais si tu crois tien cela seul qui est tien, et étranger ce qui en effet est étranger, nul ne t'en empêchera : tu ne te plaindras de personne, tu n'accuseras personne : tu ne feras pas involon-

---

[1] Traduction Guyau, Delagrave, éditeur.

tairement une seule action ; personne ne te nuira, et, d'ennemi, tu n'en auras point, car tu ne pourras pas même souffrir rien de nuisible.

4. Aspirons donc à de si grandes choses, souviens-toi que ce n'est pas avec une ardeur médiocre qu'il faut s'y appliquer : parmi les objets étrangers, tu dois pour jamais dire adieu aux uns, et pour le présent ajourner les autres. Car, si tu veux avoir en même temps et les vrais biens (1) et les dignités ou les richesses, peut-être n'obtiendras-tu même pas ces dernières pour avoir désiré les autres ; mais à coup sûr tu n'obtiendras pas les biens qui donnent seuls liberté et bonheur.

5. Ainsi donc, devant toute imagination (2) pénible, exerce-toi à dire : Tu es imagination et apparence, nullement l'objet que tu parais être. — Ensuite sonde-la, et juge-la avec les règles que tu possèdes : la première et la principale, c'est de voir s'il s'agit des choses qui dépendent de nous ou de celles qui n'en dépendent pas. S'agit-il de ces dernières, sois prêt à dire : Il n'y a rien là qui me regarde, moi.

V

Ce qui seul peut nous troubler, ce sont nos opinions.

Ce qui trouble les hommes, ce ne sont pas les choses, mais leurs opinions sur les choses. Par exemple, la mort n'est rien de terrible, car Socrate aussi l'aurait trouvée terrible ; mais notre opinion sur la mort, qui nous la fait regarder comme terrible, voilà ce qui est terrible. Lors donc que nous sommes entravés (3) ou troublés, ou

---

(1) La liberté, la sérénité d'âme.
(2) Cette expression, qu'Épictète emploie souvent (en grec φαντασια), désigne *l'image*, produit de nos sensations, qui s'offre à notre esprit, et qui, maintes fois, n'est qu'une vaine apparence de la chose réelle ; par exemple, si la mort nous *apparaît* comme un mal, nous en prenons une opinion fausse que la raison doit redresser.
(3) *Traversés dans nos désirs.*

affligés, n'accusons jamais autrui, mais nous-mêmes, c'est-à-dire nos opinions. OEuvre d'ignorant, que d'accuser les autres de ses propres maux ; l'homme qui commence à s'instruire s'accuse lui-même ; l'homme instruit, ni les autres ni soi (1).

VI

Ce qui seul doit nous rendre fiers, c'est le bon usage que nous faisons de nos opinions.

Ne t'enorgueillis de nul avantage étranger. Si le cheval s'enorgueillissant disait : « Je suis beau », ce serait supportable ; mais toi, quand tu dis avec orgueil : « J'ai un beau cheval », sache que c'est des qualités d'un cheval que tu t'enorgueillis. Qu'y a-t-il donc là de tien ? L'usage que tu fais de tes représentations. Aussi, lorsque tu te serviras de ces représentations conformément à la nature, alors seulement sois fier, car tu seras fier d'un bien qui t'est propre (2).

VIII

Savoir céder à la nécessité, c'est être libre.

Ne demande pas que ce qui arrive, arrive comme tu le veux, mais veux ce qui arrive comme il arrive, et tu couleras une vie heureuse (3).

---

(1) Sous-entendez : l'homme instruit *n'accuse* ni les autres ni soi. L'*ignorant* croit que ses maux lui viennent d'autrui ; l'*homme qui commence à s'instruire* sait qu'ils lui viennent des fausses opinions qu'il a des choses ; l'*homme instruit* n'a plus de fausses opinions et, par conséquent, supporte tout sans accuser personne.

(2) Les représentations ou images des choses nous viennent du dehors et ne dépendent pas de nous ; mais il dépend de nous d'en user *conformément à la nature* (c'est-à-dire à la *raison*, puisque notre nature propre est d'être raisonnables). Notre jugement est notre œuvre, et, si nous jugeons bien, nous avons le droit d'en être fiers.

(3) L'harmonie du monde a été réglée par la Providence divine ; c'est dans la soumission absolue à cette Providence que le sage trouve la paix.

IX

L'homme ne peut rencontrer d'autre obstacle que lui-même.

La maladie est pour le corps un obstacle, mais pour le libre arbitre, nullement, s'il ne le veut lui-même. Boiter est pour la jambe un obstacle, mais nullement pour le libre arbitre. Sur tout ce qui arrive, dis de même. Tu trouveras que c'est un obstacle pour quelque autre chose, mais pour toi, non.

XI

Perdre et rendre.

Sur quoi que ce soit, ne dis jamais : j'ai perdu cela ; mais : je l'ai rendu. Ta femme est morte? tu l'as rendue. — On m'a pris ma terre. — Encore une chose que tu as rendue. — Mais c'est un méchant qui me l'a prise. — Que t'importe par qui celui qui te l'a donnée te l'a redemandée? Tant qu'il te la laisse, uses-en comme d'une chose étrangère, comme usent d'une hôtellerie ceux qui passent (1).

XIX

Comment on peut être invincible. — Placer le bien en nous seuls est le moyen de supprimer en nous l'envie.

1. Tu peux être invincible si tu ne descends au combat que lorsqu'il est en ton pouvoir de vaincre.

---

(1) Pascal cite ce passage dans l'*Entretien avec M. de Saci.* « Épictète, dit-il, est un des philosophes du monde qui ait le mieux connu les devoirs de l'homme. Il veut, avant toutes choses, qu'il regarde Dieu comme son principal objet ; qu'il soit persuadé qu'il gouverne tout avec justice ; qu'il se soumette à lui de bon cœur et qu'il le suive volontairement en tout, comme ne faisant rien qu'avec une très grande sagesse ; qu'ainsi cette disposition arrêtera toutes les plaintes et tous les murmures et préparera son esprit à souffrir paisiblement les événements les plus fâcheux. »

2. Prends garde qu'en voyant quelqu'un honoré, ou élevé à une grande puissance, ou florissant de quelque autre manière, tu ne le juges heureux, emporté par ton imagination. Si en effet l'essence du bien réside dans ce qui dépend de nous, ni l'envie ni la jalousie n'auront plus de lieu (1). Et toi-même tu ne voudras pas être général, ou préfet (2), ou consul, mais libre ; or, une seule voie y mène : le mépris de ce qui ne dépend pas de nous.

XX

Nul outrage ne peut nous venir d'autrui, mais de nous-mêmes.

Rappelle-toi que ce n'est point celui qui t'injurie ou te frappe qui t'outrage ; mais c'est l'opinion que tu as d'eux qu'ils t'outragent. Quelqu'un t'a irrité : sache que c'est ton opinion sur lui qui t'irrite. Efforce-toi donc, avant tout, de ne point te laisser emporter par ton imagination ; car, si une première fois tu gagnes du temps et un délai, il te sera plus facile ensuite de te maîtriser toi-même.

XXV

De quel prix on achète les biens extérieurs.

1. Quelqu'un t'a été préféré dans un festin, dans une salutation ; on l'a de préférence admis dans un conseil : si ce sont là des biens, il faut te réjouir qu'ils lui soient échus ; si ce sont des maux ne t'afflige point de ce qu'ils

---

(1) L'indifférence pour tout ce qui n'est pas la vertu, en nous rendant indépendant des autres hommes, nous affranchit en même temps à leur égard de tout sentiment de haine et d'envie : le sage n'a pas d'ennemis.

(2) *Préfet*. Ce mot désignait chez les Romains un gouverneur de province. Il est donné dans la traduction comme équivalent de *prytane*, sénateur à Athènes.

ne te sont pas échus; mais souviens-toi que, ne faisant pas ce que font les autres pour obtenir les choses qui ne dépendent pas de nous, tu ne peux prétendre à une part égale.

2. Comment pourraient-ils avoir autant, et celui qui ne fréquente pas la porte de certain puissant, et celui qui s'y présente sans cesse? celui qui ne l'accompagne point et celui qui l'accompagne? celui qui ne le flatte point et celui qui le flatte? Tu es donc injuste et insatiable si, ne donnant point le prix dont ces biens s'achètent, tu veux les recevoir gratis.

3. Combien vend-on les laitues? une obole, je suppose. Si quelqu'un, donnant l'obole, reçoit les laitues, et que toi, ne la donnant point, tu ne les reçoives pas, ne crois pas avoir moins que celui qui les reçoit : comme il a les laitues, tu as l'obole que tu n'as point donnée.

4. De même ici. Quelqu'un ne t'invite pas à un banquet? C'est que tu ne lui as pas payé le prix qu'il vend son dîner : il le vend au prix d'une louange, d'une complaisance. Donne donc le prix auquel il le vend, si tu y trouves avantage. Mais si tu ne veux pas le donner et que tu veuilles prendre la chose, tu es insatiable et imbécile.

5. N'as-tu donc rien obtenu à la place de ce repas? Ce que tu as obtenu, c'est de ne point avoir flatté celui que tu ne voulais pas flatter, et de n'avoir rien enduré de ses portiers (1).

XXIX

Comment il faut examiner une action avant de l'entreprendre.

1. Examine d'abord les antécédents et les conséquents de chaque action; ensuite, mets-toi à l'œuvre. Sinon, tu

---

(1) On ne peut montrer plus ingénieusement qu'il ne faut payer aucun bien extérieur du sacrifice de sa dignité.

partiras d'abord avec ardeur, sans songer aux suites, et plus tard, quand se montreront les pas difficiles, tu te retireras honteusement.

2. Tu veux vaincre à Olympie? (1) et moi aussi, par les dieux, car c'est une jolie chose. Mais examine ce qui précède et ce qui suit l'entreprise; après cela, mets-toi à l'œuvre. Il te faut observer la discipline, te soumettre au régime, t'abstenir de friandises, t'exercer forcément à une heure fixée, par le chaud, par le froid; ne boire ni eau fraîche ni vin à l'aventure; en un mot, comme à un médecin, te livrer au maître d'exercices. Puis, dans la lutte, il faudra rouler dans la poussière, parfois te démettre la main, te tordre le pied, avaler beaucoup de sable; parfois aussi être fouetté, et avec tout cela être vaincu.

3. Une fois tout considéré, si tu le veux encore, fais-toi athlète : autrement, tu te conduiras comme les enfants, qui tantôt jouent à l'athlète, tantôt au gladiateur, qui maintenant sonnent de la trompette et tout à l'heure déclameront la tragédie : ainsi fais-tu, athlète aujourd'hui, gladiateur demain, puis rhéteur, puis philosophe, et, de toute ton âme, rien. Comme un singe, tout spectacle que tu vois, tu l'imites, et tu passes sans cesse d'un goût à un autre. Car ce n'est pas après examen que tu t'es mis à l'œuvre, ce n'est pas après avoir tourné tout autour de la chose pour l'étudier : c'est à l'étourdie, poussé par un frivole désir.

4. Ainsi certaines gens, parce qu'ils ont vu un philosophe, ou parce qu'ils en ont entendu un qui parlait comme parle Euphrate (2) (et personne peut-il parler comme lui?) veulent philosopher, eux aussi.

5. Homme, examine d'abord l'affaire en elle-même, puis ta propre nature, et si tu peux porter un tel fardeau.

---

(1) Les jeux olympiques se célébraient tous les quatre ans, avec une grande solennité, en l'honneur de Jupiter Olympien.

(2) Philosophe égyptien, ami de Pline le Jeune et familier de l'empereur Adrien. Atteint d'une maladie incurable, il se donna la mort.

Tu veux être pentathle (1), ou lutteur? regarde tes bras, tes cuisses, éprouve tes reins; car tel homme est né pour une chose, tel autre pour une autre.

6. Penses-tu, quand tu entreprends d'être philosophe, pouvoir encore manger et boire de la même manière, avoir les mêmes désirs et les mêmes dégoûts? Il te faudra veiller, peiner, t'éloigner de ta famille, être méprisé d'un esclave, être raillé de ceux qui te rencontrent, être le dernier partout, dans les honneurs, dans les dignités, dans les tribunaux, dans la moindre affaire.

7. Considère toutes ces choses, et vois si tu veux, en échange, acquérir l'impassibilité (2), la liberté, l'imperturbabilité (3); sinon, n'approche pas de nous; ou, comme les enfants, tu seras aujourd'hui philosophe, demain publicain (4), ensuite rhéteur, ensuite procurateur de César (5). Toutes ces choses ne s'accordent pas ensemble. Il faut que tu sois un seul et même homme, ou bon ou mauvais; il faut que tu donnes tes soins, ou à la partie maîtresse de toi-même (6), ou aux objets extérieurs; il faut tourner ton art vers les choses du dedans ou vers celles du dehors, c'est-à-dire qu'il faut tenir le rang de philosophe ou d'homme ordinaire.

XXXI

Le vrai culte envers la Divinité.

1. Dans la piété à l'égard des dieux, sache que le principal est d'avoir sur eux des opinions droites, de croire

(1) On appelait ainsi celui qui pratiquait les *cinq* exercices : saut, lutte, javelot, course, palet.
(2) État de l'âme qui n'a ni désir ni aversion pour les choses extérieures.
(3) État de l'âme que ne trouble aucune imagination fausse.
(4) Fermier des deniers publics chez les Romains.
(5) Magistrat envoyé par l'empereur pour le représenter dans les provinces.
(6) La *raison*.

qu'ils sont et qu'ils administrent toutes choses avec convenance et justice : que toi-même, tu as été créé pour leur obéir, pour accepter tout ce qui arrive, pour t'y conformer volontairement, comme à l'œuvre d'une intelligence très bonne. De cette manière, tu ne te plaindras jamais des dieux, et tu ne les accuseras jamais de te négliger.

2. Or, tu ne peux devenir tel, que si tu enlèves le bien et le mal des choses qui ne dépendent pas de nous, pour le placer dans celles-là seules qui dépendent de nous. En effet, si tu prends pour bonne ou pour mauvaise quelqu'une des choses étrangères, il est de toute nécessité que, lorsque tu te verras privé de celles que tu désires ou tombé dans celles que tu crains, tu accuses et haïsses les auteurs de ces choses.

3. Tout être vivant, en effet, est né pour fuir et éviter les choses qui lui semblent nuisibles, et leurs causes; pour aimer et admirer celles qui lui semblent utiles, et leurs causes. Aussi ne se peut-il faire qu'un homme qui croit avoir souffert quelque dommage, aime ce qui lui semble causer ce dommage ; de même qu'il est impossible qu'il se réjouisse du dommage même.

4. De là vient qu'un fils accable son père de reproches lorsque ce dernier ne partage pas avec lui ce qu'il prend pour des biens. De même, ce qui rendit ennemis Polynice et Étéocle (1), ce fut de croire que la tyrannie est un bien. C'est encore pour cette raison que le laboureur accable de reproches les dieux, et de même le matelot, et de même le marchand, et de même ceux qui ont perdu leurs femmes et leurs enfants ; car là où est l'utilité, là seulement est la piété (2). Aussi quiconque observe de ne désirer et de n'éviter que ce qu'il convient, observe par là même la piété.

---

(1) Les deux frères ennemis, qui se disputèrent le trône de Thèbes et finirent par s'entre-tuer. Ainsi des questions d'intérêt divisent souvent les hommes et excitent des haines réciproques.

(2) Il n'y a pas de piété sans reconnaissance. Mais si l'homme n'attache de prix qu'au bien moral, il aura toujours lieu d'être reconnaissant envers Dieu. Il n'en sera pas de même s'il convoite les biens extérieurs.

XXXIII

D'un type idéal de conduite.

1. Sans tarder fixe-toi à toi-même une sorte de caractère et de type de conduite auquel tu te conformeras, soit que tu te trouves seul en présence de toi-même, soit que tu te trouves en présence des hommes.

2. Garde le silence la plupart du temps, ou dis ce qui est nécessaire et en peu de mots. Rarement, et lorsque l'occasion t'invite à parler, parle, mais jamais sur des choses de hasard, ni sur les gladiateurs, ni sur les jeux du cirque, ni sur les athlètes, ni sur les mets et les boissons, sujets qui sont dans toutes les bouches; et surtout ne dis rien des hommes, ni pour blâmer ni pour louer, ni pour faire des comparaisons.

3. Si tu le peux, par tes propres discours, amène les discours de tes compagnons vers ce qui est convenable; si tu es entouré d'étrangers, tais-toi.

7. Dans tout ce qui regarde le corps, comme le manger, le boire, les vêtements, la maison, les gens de la maison, n'aie que le strict nécessaire. Tout ce qui est pour l'ostentation et la sensualité, supprime-le entièrement.

9. Si on te rapporte qu'un tel a mal parlé de toi, ne te justifie point de ce qu'on a dit; réponds seulement : « Il ignorait sans doute les autres défauts qui sont en moi; car il n'eût point parlé seulement de ceux-là. »

14. Dans la conversation, abstiens-toi de rappeler sans cesse et sans mesure tes exploits et les périls que tu as courus; car, si tu prends plaisir à les raconter, les autres n'en trouvent point à les entendre.

XXXVII

Ne pas changer notre rôle.

Si tu prends un rôle au-dessus de tes forces, tu le

joues mal; et celui que tu pouvais remplir, tu l'abandonnes.

XLIII

Les deux anses.

Chaque chose a deux anses : par l'une elle est facile à porter; par l'autre, impossible. Ton frère te fait-il une injustice, ne prends pas la chose par le côté de l'injustice, car c'est l'anse par laquelle on ne saurait la porter; mais plutôt prends-la par ce côté : c'est un frère, un homme nourri avec toi; et tu prendras la chose par où elle est supportable.

XLIV

Ne pas confondre soi et ce qui est à soi.

C'est mal raisonner que de dire : « Je suis plus riche que vous, donc je suis meilleur que vous; je suis plus disert, donc je suis meilleur. » Pour mieux raisonner il faut dire : « Je suis plus riche que vous, donc mes richesses surpassent les vôtres; je suis plus disert, donc mes discours surpassent les vôtres. » Mais toi tu n'es ni richesses, ni discours.

LI

Pratique et théorie.

1. Jusques à quand tarderas-tu à te juger toi-même digne de réaliser le meilleur, et à ne plus transgresser en rien ce que te prescrit la raison? Tu as reçu les principes que tu devais approuver, et tu les as approuvés; quel maître attends-tu donc encore pour rejeter sur lui le soin de te redresser? Tu n'es plus enfant, mais déjà homme fait. Si maintenant tu te négliges et demeures inactif, et que sans cesse tu mettes délais sur délais, et

qu'un jour passé tu en fixes un autre après lequel tu commenceras à veiller sur toi, tu perdras même la conscience que tu ne fais point de progrès dans la sagesse, et tu vivras et mourras dans les mœurs vulgaires.

2. Déjà donc juge-toi digne de vivre comme un homme fait et qui avance dans la sagesse : que tout ce qui te paraît le meilleur soit pour toi une loi inviolable. S'offre-t-il quelque labeur ou quelque plaisir, la gloire ou l'infamie? souviens-toi que c'est maintenant le combat, que voici les jeux olympiques, et qu'il n'est plus permis de reculer : en un seul jour et en une seule affaire, ta sagesse naissante est perdue ou sauvée.

3. C'est ainsi que Socrate devint parfait, ne s'attachant à rien, dans toutes les choses qui s'offraient, qu'à la raison. Et toi, bien que tu ne sois pas encore un Socrate, tu dois pourtant vivre comme quelqu'un qui veut le devenir.

ENTRETIENS [1]

EXTRAITS.

LIVRE I

CHAPITRE PREMIER

Des choses qui sont en notre pouvoir, et de celles qui n'y sont pas.

Parmi les facultés autres que la raison, vous n'en trouverez aucune qui se juge elle-même ; par suite, aucune qui s'approuve ou se blâme elle-même. Jusqu'où la grammaire étend-elle son pouvoir de juger? Jusqu'à la connaissance des lettres. Et la musique? Jusqu'à la distinction des notes. Mais l'une d'elles se juge-t-elle elle-même? En aucune façon. Lorsqu'on devra écrire à un ami, la grammaire dira de quels mots il faut user ; mais, s'il faut ou non écrire à cet ami, la grammaire ne le dira pas. Et de même la musique enseignera les notes ; mais, s'il faut maintenant chanter, et jouer de la cithare, ou ne pas le faire, elle ne le dira pas. Quelle faculté le dira donc ? Celle qui juge et elle-même et toutes les autres choses. Et quelle est cette faculté ? La raison. En effet, c'est la seule qui nous ait été donnée capable de se rendre compte d'elle-même, de ce qu'elle est, de ce qu'elle peut, de ce qu'elle vaut après qu'elle est venue en nous, et qui connaisse de même toutes choses. Car qui peut nous dire que l'or est beau, puisqu'il ne le dit pas lui-même? C'est évidemment la faculté

[1] Nous avons eu sous les yeux, pour faire ces extraits, la traduction des œuvres d'Épictète, de M. Courdaveaux. Nous nous sommes

chargée de tirer parti des représentations (1). Quelle autre juge la musique, la grammaire, les autres sciences, en approuve l'emploi et indique le moment d'en faire usage? Nulle autre qu'elle.

Donc, comme il était juste, les dieux ont mis en notre puissance cela seul, qui est le meilleur de tout et qui domine tout, le bon usage des représentations ; les autres choses ne dépendent pas de nous. Est-ce parce qu'ils ne l'ont pas voulu? Il me semble que, s'ils l'avaient pu, ils nous les auraient également accordées. Mais ils ne le pouvaient pas du tout. Car étant sur terre, enchaînés à un tel corps et à de tels compagnons, comment pouvait-il se faire que nous ne fussions pas gênés, dans ces autres choses, par les objets du dehors.

Que dit Jupiter? « O Épictète, si cela avait été possible, j'aurais fait libres aussi et indépendants ton corps et ta fortune. Maintenant sache-le, ceci n'est pas à toi, mais c'est de la boue élégamment arrangée. Comme je n'ai pu le rendre libre, je t'ai donné une partie de nous-mêmes, le pouvoir de te porter avec ardeur vers les choses et de t'en éloigner, de les désirer et de les éviter, en un mot, l'usage des représentations. Si tu cultives cette faculté et que tu places en elle tout ce qui est à toi, tu ne seras jamais empêché, jamais gêné; tu ne gémiras pas; tu ne te plaindras de personne, tu ne flatteras personne. »

Quoi donc? est-ce que cela te semble peu de chose? — Tant s'en faut ! — Donc, contente-t'en, et adresse tes prières aux dieux. Mais maintenant, lorsque nous pouvions ne prendre souci que d'une seule chose, ne nous attacher qu'à une seule, nous aimons mieux nous préoccuper, nous embarrasser de beaucoup de choses, et de notre corps, et de nos biens, et de notre frère, et de notre ami, et de notre enfant, et de notre esclave. Et ainsi, à cause de toutes ces choses dont nous nous embarrassons, nous sommes appesantis et entraînés en

(1) Pour les Stoïciens, les choses du dehors nous sont connues par l'intermédiaire des *représentations* ou images, qu'elles nous envoient, et qui n'ont d'autre valeur que celle que nous leur donnons.

bas. C'est pourquoi, s'il y a impossibilité de naviguer, nous nous asseyons pleins d'impatience, et nous regardons continuellement quel vent souffle ? — « Borée ! — Que nous importe ? Quand Zéphire soufflera-t-il ? — Quand cela lui semblera bon, mon cher, ou qu'il plaira à Éole ; car c'est Éole et non pas toi que la Divinité a fait dispensateur des vents. » Que faut-il donc ? arranger le mieux possible les choses qui dépendent de nous ; user des autres comme elles sont. Et comment sont-elles ? comme Dieu l'a voulu.

« Serai-je donc le seul qu'on décapitera maintenant ? — Quoi ! veux-tu que tous soient décapités en même temps pour que tu aies une consolation ?... » Que faut-il donc avoir tout prêt en de telles circonstances ? Rien d'autre que ceci : qu'est-ce qui est à moi ? et : qu'est-ce qui n'est pas à moi ? qu'est-ce qui m'est possible ? et : qu'est-ce qui ne m'est pas possible ? Il me faut mourir : sera-ce en gémissant ? être dans les fers : sera-ce en me lamentant ? partir pour l'exil : qui empêche que ce soit en riant, avec courage et le cœur joyeux ? « Dis tes secrets ! — Non, car ils m'appartiennent. — Mais je te chargerai de chaînes ! — Homme, que dis-tu ? moi ? tu enchaîneras ma jambe ; mon libre arbitre, Jupiter même ne peut en triompher. — Je te jetterai en prison ! — Oui, mon corps. — Je te trancherai la tête ! — Quand donc t'ai-je dit qu'à moi seul la tête ne pouvait être tranchée ? » Les philosophes devraient méditer ces choses, les écrire chaque jour, s'y exercer.

Thraséas (1) avait coutume de dire qu'il aimait mieux être tué le jour même qu'exilé le lendemain. Que lui dit donc Rufus (2) ? « Si tu choisis la mort comme plus pénible, quelle est la folie de ce choix ? si c'est comme

---

(1) Sénateur romain, du 1ᵉʳ siècle après Jésus-Christ. Il était stoïcien et protesta contre la tyrannie de Néron en refusant de prendre part à certaines délibérations du Sénat. Condamné à mort, il mourut avec courage ; sa femme ne voulut pas lui survivre. On peut lire dans Tacite un beau récit de cette mort.

(2) Autre stoïcien, qui avait été le maître d'Épictète.

étant plus douce, qui t'y a autorisé ? ne veux-tu pas t'habituer à te contenter de ce qui t'est donné ? »

C'est pourquoi Agrippinus (1) disait : « Je ne veux pas être pour moi-même un obstacle. » On lui annonça qu'il était mis en jugement dans le sénat. « Comme il plaira à Dieu. Mais voici la cinquième heure (celle à laquelle il avait coutume de s'exercer et de se baigner à l'eau froide) : sortons donc et exerçons-nous. »

Quand il se fut exercé, quelqu'un survenant lui dit qu'il avait été condamné. « A l'exil, dit-il, ou à la mort ? — A l'exil. — Que fait-on de mes biens ? — Ils ne te sont pas enlevés. — Allons donc dîner à Aricie . »

Il en est ainsi quand on a médité ce qu'il faut méditer : qu'on a travaillé à être exempt de désir, d'aversion, à n'être gêné par aucun obstacle. Je dois mourir. Si c'est maintenant, je meurs ; si c'est bientôt, comme il est l'heure de dîner, je dîne ; et ensuite je mourrai. De quelle manière ? Comme il convient à celui qui rend ce qui ne lui appartient pas.

CHAPITRE XXIV

Comment on doit lutter contre les vicissitudes.

Les circonstances difficiles sont celles qui font voir les hommes. Désormais, lorsqu'il s'en rencontrera une, souviens-toi que Dieu, comme un maître de gymnase, t'a mis aux prises avec un rude adolescent (2).

« Pourquoi ? dis-tu. — Pour que tu sois vainqueur à Olympie (3). » Mais on n'y arrive pas sans fatigue. Et il me semble que personne ne s'est trouvé dans une circonstance plus favorable que toi, pourvu que tu veuilles en user comme l'athlète avec son adversaire. Et main-

(1) Autre stoïcien, envoyé en exil par Néron.
(2) C'est-à-dire : t'a donné pour adversaire un jeune homme très fort, afin de t'exercer.
(3) Ville de Grèce où avaient lieu des jeux célèbres en l'honneur de Jupiter Olympien.

tenant nous t'envoyons à Rome en éclaireur ; or, on n'envoie pas en éclaireur un homme timide qui, pour avoir entendu le moindre bruit ou vu une ombre quelconque, troublé, va courant et disant que les ennemis sont bientôt là. Si, maintenant, toi aussi, venant à nous, tu disais : « Des choses terribles se passent à Rome : la mort est terrible ; l'exil, terrible ; l'injure, terrible ; la pauvreté, terrible ; fuyez, ô hommes, les ennemis s'avancent » ; nous te dirions : « Retire-toi, garde pour toi tes prédictions, nous n'avons eu qu'un tort, c'est d'avoir envoyé un éclaireur tel que toi. »

Avant toi Diogène (1) a été envoyé comme éclaireur, et il a rapporté tout autre chose ; il dit que la mort n'est pas un mal, car elle n'est pas une honte ; il dit que la célébrité est un vain bruit fait par des fous. Quelles belles choses sur la douleur, sur le plaisir, sur la pauvreté a dites cet éclaireur ! il dit qu'être nu vaut mieux qu'être vêtu de pourpre, que le sol sans tapis est le lit le plus doux.

Et il offre comme preuve de ses affirmations sa propre fermeté, sa tranquillité d'âme, son indépendance, et enfin son corps brillant et robuste. « Aucun ennemi n'est proche, dit-il, la paix règne partout. — Comment cela, ô Diogène ? — Vois, dit-il, est-ce que j'ai été frappé ? est-ce que j'ai été blessé ? est-ce que j'ai fui devant quelqu'un ? » Tel doit être celui qui va en éclaireur. Mais toi, revenant vers nous, tu dis une chose après une autre. N'iras-tu pas une seconde fois et ne regarderas-tu pas plus exactement, sans timidité ? »

« Que ferai-je donc ? — Que fais-tu lorsque tu quittes un vaisseau ? est-ce que tu emportes le gouvernail ou les rames ? Qu'emportes-tu donc ? ce qui t'appartient, ton flacon d'huile (2), ta besace. Eh bien ! maintenant, te souvenant de ce qui est à toi, tu ne revendiqueras pas ce qui

---

(1) Philosophe grec (v⁰ siècle av. J.-C.) qui faisait profession de mépriser tous les biens de ce monde et vivait volontairement dans une grande pauvreté.

(2) Les anciens frottaient d'huile leur corps pour l'assouplir.

est à autrui. Te dit-on : Dépose le laticlave (1). — Voici l'angusticlave (2). — Dépose-le aussi. — Voilà ma toge toute simple. — Dépose ta toge. — Me voilà nu. — Mais tu excites ma haine. — Prends donc mon corps tout entier. » Lorsque je puis abandonner mon corps, craindrai-je encore celui-ci ? « Mais un autre ne me fera pas son héritier. — Quoi donc ? ai-je oublié qu'aucune de ces choses n'était mienne ? Comment donc les disons-nous nôtres ? Comme nous le dirions d'un lit dans une auberge. Que si l'hôtelier, en mourant, te laisse les lits, c'est bien ; s'il les laisse à un autre, cet autre les aura, toi tu en chercheras ailleurs : si tu n'en trouves pas, tu dormiras à terre, plein de confiance et ronflant, et te souvenant que, chez les riches, les rois, les tyrans, les tragédies ont leur place, mais qu'aucun pauvre n'y remplit un rôle, si ce n'est dans les chœurs.

Les rois commencent par les prospérités : « Ornez de guirlandes ces demeures ! » puis, au troisième ou au quatrième acte : « Hélas ! Cithéron, pourquoi m'as-tu reçu (3) ! » Esclave, où sont tes couronnes ? où est ton diadème ? Tes gardes du corps te sont inutiles.

Donc, lorsque tu abordes quelqu'un de ces hommes, souviens-toi que tu abordes un tragédien, non l'acteur, mais Œdipe lui-même. « Mais un tel est heureux ! il se promène avec une escorte nombreuse. — Eh bien ! je me joins à la foule et je me promène ainsi bien escorté. » Voici le point capital : souviens-toi que la porte est ouverte ; ne sois pas plus timide que les enfants ; mais comme eux qui, quand ce qu'ils font ne leur plaît pas, disent qu'ils ne joueront plus, ainsi toi, lorsque tu croiras être dans les mêmes conditions, dis que tu ne

(1) Toge à large bande de pourpre que portaient les sénateurs.
(2) Toge à bande étroite que portaient les chevaliers, inférieurs aux sénateurs en dignité.
(3) Vers que Sophocle place dans la bouche d'Œdipe ; au début de la tragédie d'*Œdipe roi*, le héros ne sait rien des crimes qu'il a commis involontairement ; à la fin, il les connaît et maudit le mont Cithéron sur lequel il a été exposé tout enfant et sauvé par un berger.

joueras pas davantage, et sors ; mais, si tu restes, ne te lamente pas (1).

CHAPITRE XXIX

De la constance.

L'essence du bien, l'essence du mal, est dans un certain choix librement fait (2). Que sont donc les choses du dehors? La matière de ce choix, qui, selon la façon dont il s'exerce, prépare lui-même le bien ou le mal. Comment prépare-t-il le bien? en ne s'étonnant pas devant ces choses, car les jugements des choses, quand ils sont justes, rendent notre choix bon, quand ils sont faux et contraires à la vérité le rendent mauvais.

Cette loi, Dieu l'a établie, et il a dit : « Si tu désires quelque bien, obtiens-le de toi-même. — Non, dis-tu, d'un autre. — Non, mais de toi-même. » Par suite, quand un tyran me menace et me fait venir, je dis : « Qui menaces-tu? » S'il dit : « Je t'enchaînerai », je réponds : « Tu menaces mes mains et mes pieds. » S'il dit : « Je te ferai trancher la tête », je réponds : « Tu menaces ma tête. » S'il dit : « Je te jetterai dans une prison ». — « Tu n'y jetteras qu'un morceau de chair. » S'il me menace de l'exil, je réponds de même. « Ce n'est donc pas toi qu'il menace? — Non, si je suis persuadé qu'aucune de ces choses ne me touche. Mais si j'en redoute quelqu'une, c'est moi qu'il menace. Qui craindrai-je après cela? de quoi sera-t-il maître? de ce qui est à moi? nul n'en est maître. Ou de ce qui n'est pas à moi? mais en quoi cela m'importe-t-il? »

« Vous autres philosophes, vous enseignez donc à mé-

---

(1) Les stoïciens autorisaient le suicide lorsque la vie semblait trop lourde à supporter.
(2) Ceci revient à dire que le bien et le mal résident dans notre seule volonté ; les choses du dehors sont, en elles-mêmes, indifférentes ; nous leur donnons la valeur que nous voulons en les choisissant ou en les rejetant.

priser les rois? — Nullement. Qui de nous enseigne à leur disputer ce qu'ils ont en leur pouvoir? Prends mon corps, prends mon bien, prends ma réputation, prends les miens. Si j'ai conseillé à quelqu'un de revendiquer ces choses, tu auras raison de m'accuser. — Oui, mais je veux commander aussi à tes convictions. — Et qui t'a donné ce pouvoir? comment pourrais-tu vaincre les convictions d'autrui? — En lui inspirant de la crainte, dit-il, je les vaincrai. — Ignores-tu qu'elles peuvent se vaincre elles-mêmes, non être vaincues par autrui? car rien ne peut vaincre notre libre arbitre, si ce n'est lui-même. C'est pourquoi la loi de Dieu est très puissante et très juste, qui ordonne que le plus fort triomphe toujours du plus faible. Dix sont plus forts qu'un seul; mais pour quoi? pour enchaîner, pour tuer, pour entraîner où ils veulent, pour enlever les biens. Dix sont donc vainqueurs d'un seul en ces choses où ils sont les plus forts. — Dans quel cas sont-ils donc plus faibles? — Si celui-là a des convictions justes, et ceux-ci non. — Quoi donc! en cela ils ne peuvent le vaincre? — Par quel moyen le pourraient-ils? si nous étions dans une balance, ne faudrait-il pas que le plus pesant l'emportât? »

« Socrate a-t-il bien pu subir un tel traitement de la part des Athéniens? — Esclave, pourquoi dis-tu : Socrate? Dis la chose comme elle est : le corps de Socrate a-t-il bien pu être conduit et traîné en prison par de plus forts que lui? a-t-on pu donner la ciguë à ce corps et lui faire ainsi rendre l'âme? Cela te semble-t-il étonnant, injuste? en accuses-tu Dieu? Socrate n'a-t-il rien eu en échange? Où était pour lui l'essence du bien? Qui écouterons-nous, toi ou lui? Et que dit-il? « Anytus et Mélitus peuvent certes me tuer, mais ils ne peuvent me nuire »; et une autre fois : « Si cela plaît à Dieu, que cela se fasse. » Mais montre que l'homme ayant des convictions pires l'emporte sur l'homme qui en a de meilleures. Tu ne le montreras pas, il s'en faut de beaucoup. Car la loi de la nature et de Dieu est telle que le meilleur l'emporte toujours sur le plus mauvais. En quoi l'emporte-t-il? en ce qui fait sa supériorité. Un corps est plus fort qu'un autre corps, plusieurs le sont plus qu'un seul, un voleur l'est plus que celui qui n'est pas voleur. C'est pourquoi, moi, j'ai perdu ma lampe, parce que, pour la vigilance, le voleur valait mieux que moi. Mais voici à quel prix il a acheté ma lampe : pour une lampe, il est devenu voleur, pour une lampe, perfide, pour une lampe, semblable à une bête féroce. Il a cru que cela lui était avantageux! — Soit. Mais quelqu'un me saisit par mon vêtement et me traîne sur l'agora (1); puis d'autres crient : Philosophe, que t'ont servi tes convictions? voici qu'on t'entraîne en prison, voici qu'on se prépare à te trancher la tête. — Comment pouvais-je me faire une opinion telle, qu'un plus fort que moi, me prenant par mon vêtement, ne m'entraînât pas? telle, que dix hommes me tiraillant de tous côtés, pour me jeter en prison, ne m'y jetassent pas? N'ai-je donc rien appris en échange? J'ai appris que tout ce que je vois arriver, si cela ne dépend pas de moi, n'est rien pour moi. — En as-tu donc retiré quelque avantage? — Pourquoi cherches-tu l'avantage de savoir ailleurs que dans le savoir même? M'asseyant ensuite dans ma prison, je dis : Cet homme qui crie ainsi n'écoute pas ce qu'on lui enseigne, ne comprend pas ce qu'on lui dit, en un mot ne se soucie pas de savoir ce que les philosophes disent ou font : laisse-le aller. »

Mais, une autre fois : « Sors de prison, me dit-on. — Si vous n'avez plus besoin de moi dans cette prison, je sortirai; si, de nouveau, vous en avez besoin, j'y reviendrai. — Jusques à quand? — Tant que la raison voudra que je sois uni à un corps ; lorsqu'elle ne le voudra plus, emportez-le, et adieu. » Seulement n'agissons pas sans réflexion, mollement, et sous le premier prétexte venu. Car, encore une fois, Dieu ne le veut pas. Il a besoin, en effet, et que le monde soit ce qu'il est, et que ceux qui vivent sur la terre soient ce qu'ils sont. S'il nous a

(1) Place publique.

donné le signal de la retraite, comme à Socrate, il faut lui obéir comme à un général.

« Quoi donc ! faut-il dire ces choses-là au vulgaire ? — Pourquoi ? n'est-ce pas assez que tu en sois toi-même persuadé ? Aux enfants, lorsqu'ils nous abordent battant des mains et disant : « Quel bonheur ! aujourd'hui les Saturnales ! » répondons-nous que ce n'est pas un bonheur. Nullement ; mais, comme eux, nous battons des mains. Et toi, de même, quand tu n'auras pu faire changer quelqu'un de résolution, comprends que c'est un enfant, et bats des mains avec lui ; si tu ne veux pas, alors tais-toi. »

Il faut nous souvenir de cela ; et, appelés à une semblable épreuve, savoir que le temps est venu de montrer ce que nous avons appris. Car le jeune homme qui la subit au sortir de l'école est semblable à un homme qui s'est exercé à expliquer des syllogismes ; si on lui en propose un d'une solution facile : « Proposez-m'en plutôt, dit-il, un qui soit savamment compliqué, afin que je m'exerce. » Les athlètes non plus n'aiment pas lutter contre des jeunes gens d'un poids léger. « Il ne me soulève pas de terre », disent-ils. Ainsi est le jeune homme heureusement né. Toi, au contraire, l'occasion t'appelant, dois-tu pleurer et dire : « Je voudrais apprendre encore. — Apprendre quoi ? Si tu n'as pas appris ces choses de façon à les manifester dans ta conduite, pour quel usage les as-tu apprises ? »

Moi je pense que, parmi ceux qui sont assis ici (1), il en est qui méditent en eux-mêmes quelque chose, et qui disent : « Ne s'offrira-t-il pas pour moi une épreuve telle que celle qui s'est offerte à lui ? Passerai-je mon temps assis dans un coin lorsque je pourrais être couronné à Olympie ? Quand m'annoncera-t-on un tel combat ? » Vous devez tous penser ainsi. Parmi les gladiateurs de César, il en est qui se plaignent de n'être pas emmenés et appelés à combattre, et qui font des vœux aux dieux,

---

(1) **Dans l'école.**

qui s'adressent à leurs surveillants, sollicitant la permission de combattre. Parmi vous, ne se montrera-t-il personne qui leur ressemble? Je voudrais traverser la mer pour cela seulement, voir ce que ferait l'athlète et comment il étudierait la question proposée. « Je ne veux pas, dit-il, de celle-là. — Dépend-il donc de toi de prendre la question que tu veux? On t'a donné tel corps, tels parents, tels frères, telle patrie, et tel rang dans cette patrie ; puis venant à moi tu dis : « Change-moi la question. » N'as-tu donc pas des ressources, pour t'en servir dans celle qui t'a été donnée? Tu devais dire : « C'est à toi de proposer, à moi de m'exercer. » Mais toi, tu ne parles pas ainsi, tu dis : « Ne me présente pas telle forme de syllogisme, mais telle autre ; ne m'oppose pas telle objection, mais telle autre. » Bientôt un temps sera dans lequel les tragédiens penseront que leurs masques, leurs cothurnes, leurs robes traînantes sont eux-mêmes. O homme, voici la matière et le sujet de ton rôle. Dis quelque chose, pour que nous voyions si tu es un tragédien ou un bouffon ; car le reste leur est commun. C'est pourquoi si, enlevant à quelqu'un ses cothurnes et son masque, on le pousse sur la scène comme un fantôme, le tragédien a-t-il péri ou subsiste-t-il? S'il a une belle diction, il subsiste. »

De même ici. « Prends ce gouvernement. — Je le prends ; et, l'ayant pris, je montre comment un homme bien instruit s'y comporte. — Quitte le laticlave, et, ayant revêtu des haillons, montre-toi dans ce personnage. — Quoi donc ! ne m'est-il pas permis d'y porter une belle diction. »

En quelle qualité montes-tu sur la scène maintenant? Comme un témoin appelé par Dieu. « Viens, a-t-il dit, et rends-moi témoignage. Car tu es digne que je te produise comme témoin. Dans ce qui est en dehors de ton libre arbitre, est-il quelque chose de bon ou de mauvais? est-ce que je nuis à quelqu'un? Ce qui est utile à chacun, l'ai-je mis au pouvoir d'un autre ou en son propre pouvoir? ». Mais toi, quel témoignage rends-tu à Dieu? —

« Je suis en danger, Seigneur, et dans le malheur ; personne ne se soucie de moi, on ne me donne rien, tous me blâment, tous m'injurient. »

Dois-tu rendre un tel témoignage et déshonorer celui qui t'a cité parce qu'il t'a jugé digne d'une telle marque d'estime et qu'il a cru que tu méritais d'être produit comme témoin dans une si grande cause ?

Mais celui qui est au pouvoir a déclaré : « Je te juge impie et criminel. » — « Que t'est-il arrivé ? — J'ai été déclaré impie et criminel. — Rien d'autre ? — Rien. — S'il avait à donner son avis sur une proposition conjonctive et qu'il fît cette déclaration : « Je juge faux de dire : « S'il est jour, il fait clair » ; qu'en adviendrait-il pour cette proposition conjonctive ? Qui juge-t-on ici ? Qui condamne-t-on ? La proposition conjonctive ou celui qui s'est trompé à son sujet ? Celui qui a le pouvoir de prononcer sur toi connaît-il ce qu'est la piété ou l'impiété ? Y a-t-il jamais réfléchi, et l'a-t-il appris ? Où ? De qui ? Un musicien s'occupe peu de celui qui déclare que la note la plus basse est la plus haute ; un géomètre de celui qui nie que les lignes menées du centre à la circonférence sont égales : et l'homme vraiment instruit s'occupera de l'ignorant jugeant ce qui est permis, ce qui ne l'est pas, ce qui est juste, ce qui est injuste ? O grand tort des gens instruits ! Est-ce donc ce que tu as appris ?

Ne veux-tu pas laisser les petits discours sur ces choses à d'autres, aux petits hommes indolents, pour que, s'asseyant dans un coin, ils prennent leur faible salaire ou murmurent parce qu'on ne leur donne rien : toi, ne viendras-tu pas faire usage de ce que tu as appris ? Ce ne sont pas, en effet, les petits discours qui nous manquent : les livres des Stoïciens en sont pleins. Que nous manque-t-il donc ? Quelqu'un qui en fasse usage, qui confirme ses discours par ses actions. Prends-moi ce rôle, pour que nous ne nous servions plus dans l'école d'exemples anciens, mais que nous ayons aussi quelque exemple de notre temps.

A qui appartient-il d'examiner ces choses ? A celui qui

a du loisir : car l'homme est un être qui aime la contemplation. Mais il est honteux de les contempler comme font les esclaves fugitifs ; il faut rester assis sans se laisser distraire, et écouter tantôt le tragédien, tantôt le joueur de cithare, ne faisant pas comme ces esclaves ; ceux-ci, en même temps qu'ils entrent et applaudissent l'acteur, regardent autour d'eux, puis, si quelqu'un prononce le nom de leur maître, aussitôt ils se troublent et ils tremblent. C'est une honte pour les philosophes de contempler ainsi les œuvres de la nature. En effet, qu'est-ce qui est leur maître ? Ce n'est pas l'homme qui est le maître de l'homme, mais la mort et la vie, le plaisir et la douleur. Amène-moi César séparé de ces choses (1), et tu verras combien je suis brave. Mais lorsqu'il vient ainsi escorté, tonnant et lançant la foudre, moi, j'en ai peur, et que puis-je faire sinon, comme un esclave fugitif, reconnaître en lui mon maître ? Lorsque j'ai quelque répit de ce côté, je fais comme l'esclave fugitif au spectacle : je me lave, je bois, je chante ; mais tout cela avec crainte et souffrance. Que je m'affranchisse des tyrans, c'est-à-dire de ce par quoi les tyrans sont redoutables, quel embarras, quel maître ai-je encore ?

Quoi donc ! faut-il publier à haute voix ces idées devant tous ? non, mais nous devons avoir de la condescendance pour les ignorants, et dire : « Celui-ci me conseille ce que personnellement il croit être bon ; je lui pardonne. » Ainsi Socrate pardonna au gardien de la prison, qui pleurait quand il se préparait à boire le poison, et dit : « Comme il nous pleure généreusement ! » Est-ce qu'il lui dit que, pour des pleurs, il avait renvoyé les femmes ? Non, mais il le dit à ses amis, à ceux qui pouvaient l'entendre. Pour l'autre, il eut de la condescendance comme pour un enfant.

(1) C'est-à-dire dépouillé de ce qui le rend redoutable aux hommes : son pouvoir d'infliger la souffrance et la mort.

CHAPITRE XXX

Ce qu'il faut avoir présent à l'esprit dans les vicissitudes.

Quand tu te présentes devant un de tes supérieurs, souviens-toi qu'un autre considère d'en haut ce qui se passe, et que tu dois plaire à celui-ci plutôt qu'à celui-là. Or il te demande : « Que disais-tu dans l'école de l'exil, de la prison, des chaines, de la mort, de l'obscurité? — Moi? que c'étaient des choses indifférentes. — Maintenant donc, que dis-tu qu'elles sont? Est-ce qu'elles ont changé? — Non. — Et toi, es-tu changé? — Non. — Alors dis-nous quelles sont les choses indifférentes. — Celles qui ne dépendent pas de nous. — Dis aussi ce qui en résulte : Les choses qui ne dépendent pas de moi ne me touchent en rien. Dis encore ce qui vous semblait être des biens. — Le choix convenable et le bon usage des représentations. — En vue de quelle fin? — Afin de t'obéir. — Dis-tu de même aujourd'hui? — Je dis de même. — Va donc désormais et entre sans crainte, te souvenant de cela; et tu verras ce qu'est un jeune homme ayant étudié comme il faut parmi les hommes non instruits. Moi, par les dieux, j'imagine que tu éprouveras le sentiment suivant : « Pourquoi donc prenons-nous des précautions si grandes et si nombreuses contre ce qui n'est rien? est-ce là cette puissance? ce vestibule? ces valets de chambre? ces gardes? c'est pour cela que j'ai écouté tant de discours? Cela n'était rien, et moi je me préparais comme si c'était beaucoup. »

LIVRE II

CHAPITRE II

De la tranquillité d'âme.

Vois, toi qui vas devant la justice, ce que tu veux conserver et ce que tu veux obtenir. Car si tu veux conserver la liberté de ton jugement conforme à la nature, tout est sûr, tout est facile, tu ne trouves pas d'obstacle. En effet, si tu te contentes de conserver ce qui est en ton pouvoir, ce qui est par nature indépendant et libre, ne demandant rien de plus, de quoi t'inquiéteras-tu? Est-ce que quelqu'un est maître de ces choses? Est-ce que quelqu'un peut te les enlever? Si tu veux être modeste et digne de confiance, qui t'en empêche? Si tu veux n'être ni gêné ni contraint, qui te force à désirer ce qui te paraît ne pas devoir être désiré, ou à redouter ce que tu crois ne pas devoir redouter? Mais quoi? on t'infligera des traitements qui semblent effroyables; pour que tu les souffres malgré toi, que peut-on faire? Lors donc que le désir et l'aversion t'appartiennent, de quoi t'inquiètes-tu? Que ce soit là ton exorde, ta narration, ta confirmation, ta réfutation, ta péroraison (1), la cause de ta bonne renommée.

C'est pourquoi Socrate dit à celui qui lui conseillait de se préparer à paraître devant la justice : « Il ne te semble donc pas que par toute ma vie je m'y suis préparé? — Comment? — J'ai conservé, dit-il, ce qui est à moi. — De quelle façon? — Je n'ai jamais rien fait d'injuste, ni comme homme privé ni comme citoyen. » Pour toi, si tu veux conserver les choses du dehors, ton corps, tes biens, ta réputation, je te dis : « Prépare-toi à l'instant et par

(1) Nom des différentes parties dont se compose un discours.

tous les moyens possibles ; observe aussi le caractère du juge et de l'adversaire. S'il faut embrasser leurs genoux, embrasse-les ; s'il faut pleurer, pleure; s'il faut gémir, gémis. Car si tu soumets aux choses du dehors ce qui t'appartient, tu dois être désormais esclave ; et ne te laisse pas tirer en divers sens, voulant être tantôt esclave et tantôt libre, mais absolument et complètement sois dans ta pensée l'un ou l'autre, libre ou esclave, instruit ou ignorant, coq de bonne race ou sans noblesse ; supporte les coups jusqu'à la mort ou cède tout de suite : sans quoi il t'arrivera de recevoir beaucoup de coups et de céder ensuite. Si cela est honteux, dès maintenant tiens-toi ce langage : où est la nature des maux et des biens? Là où est la vérité ; et où se trouvent la vérité et la nature, là aussi est la prudence ; où sont la vérité et la nature, là aussi est la confiance.

Qu'en penses-tu? si Socrate avait voulu sauver les choses du dehors, se serait-il avancé pour dire : « Anytus et Mélitus peuvent me tuer, mais ils ne peuvent me nuire. »? Était-il assez simple pour ne pas voir que cette route ne le menait pas à son but, mais ailleurs? Est-ce donc qu'il les provoque sans motif?

Ainsi mon ami Héraclite (1) ayant un procès à Rhodes au sujet d'un champ, et ayant démontré aux juges que sa cause était juste, dit en s'avançant pour la péroraison : « Je ne vous prierai pas, et je me préoccupe peu de la sentence que vous allez prononcer. C'est vous, plutôt que moi, qu'on juge. » Et ainsi par sa faute l'affaire changea de face. En était-il besoin? Contente-toi de ne pas prier ; n'ajoute pas encore : « Je ne prie pas » ; à moins que tu n'aies, comme Socrate, une occasion favorable de provoquer tes juges. Si tu prépares une telle péroraison, pourquoi viens-tu en justice? pourquoi te soumets-tu? Car si tu désires être mis en croix, attends ; la croix viendra : si la raison te détermine à te

---

(1) On pense qu'Épictète ne parle pas ici du philosophe grec (vɪᵉ siècle av. J.-C.) qui croyait que le feu est le principe du monde, mais d'un de ses amis qui portait ce nom.

soumettre et à faire ton possible pour persuader le juge, il faut que la suite soit conforme au début; conserve seulement ce qui t'appartient.

Pour cette raison, il est ridicule de dire : « Conseille-moi. — Que te conseillerais-je ? Dis plutôt : Fais que mon âme, quoi qu'il arrive, s'en accommode. Car c'est comme si un homme, ne sachant pas écrire, disait : « Dis-moi ce qu'il faudra écrire quand on me proposera un nom. » En effet, je lui dis le nom de Dion, et si un autre lui propose, non plus le nom de Dion, mais celui de Théon, qu'arrivera-t-il ? qu'écrira-t-il ? Au contraire, si tu t'es exercé à écrire, tu peux être prêt pour tous les noms qu'on te demandera : si tu ne l'as pas fait, que te conseillerai-je maintenant ? Car si les circonstances réclament autre chose, que diras-tu ? que feras-tu ? Aie donc la science générale, et tu n'auras pas besoin de conseil. Mais, si tu demeures bouche bée devant les choses du dehors, il te faudra rouler çà et là selon la volonté du maître. Et qui est le maître ? celui au pouvoir duquel sont les choses que tu désires ou que tu crains.

CHAPITRE X

Comment, de nos différents titres, doivent être déduits nos différents devoirs.

Examine qui tu es. Avant tout, un homme, c'est-à-dire un être en qui domine le libre arbitre, se soumettant tout le reste, mais n'étant lui-même ni asservi ni soumis. Examine de quels êtres tu te distingues par la raison. Tu te distingues des bêtes féroces, tu te distingues des bestiaux. En outre, tu es citoyen du monde (1), dont tu es une partie; et tu n'es pas au nombre des parties destinées à servir, mais tu es de celles qui sont destinées à commander : car tu as le pouvoir de comprendre le

(1) Les Stoïciens pensaient que tous les hommes sont frères, et opposaient à l'amour de la cité l'amour du genre humain tout entier.

gouvernement divin et l'ordre des choses. Quel est donc le devoir du citoyen? de ne considérer jamais ses intérêts privés ; de ne rien décider comme s'il était un membre isolé, mais d'être comme le pied ou la main qui, s'ils pouvaient réfléchir et comprendre l'organisation physique, ne rechercheraient, ne désireraient rien qui ne se rapportât au corps tout entier. C'est pourquoi les philosophes ont raison de dire que, si l'homme de bien prévoyait l'avenir, il contribuerait lui-même à sa maladie, à sa mort, à sa mutilation, parce qu'il comprendrait que c'est là ce qui lui est attribué dans l'arrangement du tout, et que le tout est plus important que la partie, l'État que le citoyen. Maintenant donc, que nous ne prévoyons pas quel sera l'avenir, c'est un devoir de choisir les choses les meilleures de leur nature, car nous sommes nés pour cela.

Ensuite, souviens-toi que tu es fils. Que comporte ce rôle ? Considérer tout ce qu'on a comme étant à son père, lui obéir en tout, ne jamais le blâmer devant quelqu'un, ne rien dire ni faire qui lui nuise, tout quitter pour lui et tout lui céder, lui venir en aide autant qu'on le peut.

Songe ensuite que tu es frère : et en cela aussi ton rôle t'oblige à être complaisant, empressé, à dire du bien de ton frère, à ne jamais lui disputer rien de ce qui est soustrait au libre arbitre, mais à le lui abandonner avec plaisir, afin d'être plus riche de ce qui en dépend. Car vois ce que c'est que d'acquérir la noblesse de l'âme, au prix d'une laitue peut-être, ou d'un siège cédé à ton frère : quel profit pour toi ! Si, en outre, tu es sénateur de quelque cité, souviens-toi que tu es sénateur; si tu es un jeune homme, que tu es un jeune homme ; si tu es un vieillard, que tu es un vieillard ; si tu es père, que tu es père. Car chacun de ces noms, à mesure qu'il se présente à la pensée, nous fait connaître en abrégé les actes qui s'y rapportent. Si, étant sorti de ton calme, tu blâmes ton frère, je te dis : Tu as oublié qui tu es et quel est ton nom. Si, étant forgeron, tu te servais mal de ton marteau, c'est que tu aurais oublié ton état de forgeron ; si, ayant oublié ton rôle de frère, tu devenais un ennemi au lieu d'un frère, ne penses-tu pas que ce serait pour toi un échange désavantageux? Si, au lieu d'être un homme, un être doux et sociable, tu devenais une bête féroce, qui nuit, qui dresse des embûches, qui mord, n'aurais-tu rien perdu? Il faut peut-être que tu perdes ta bourse pour te trouver lésé; il n'y a rien d'autre qui cause du dommage à l'homme! Si tu avais perdu ta science de la grammaire ou de la musique, tu penserais que c'est là une perte ; mais si tu perds ta modestie, ta modération, ta douceur, penses-tu que cela n'est rien? Et les premières cependant se perdent par des causes extérieures et soustraites au libre arbitre, celles-ci par notre faute; et il n'est pas honteux de n'avoir pas ou de perdre les premières; mais il est honteux, répréhensible et malheureux de ne pas avoir ou de perdre les secondes... Que perd celui qui se met en colère? quelque chose. Et celui qui s'effraye? quelque chose. Personne n'est méchant sans faute et sans dommage. Du reste, si tu ne regardes comme une perte que celle de la bourse, tous ceux-ci sont exempts de perte et de dommage, et même il se peut qu'ils aient eu gain et profit, si de telles actions leur ont rapporté de l'argent. Mais considère que, si tu rapportes tout à l'argent, celui-là même qui perd son nez n'éprouve pas de dommage. « Si, dis-tu, car son corps est mutilé. — Eh bien! en perdant seulement l'odorat, n'aurait-il rien perdu? Et l'âme n'a-t-elle pas des facultés qu'il est utile de posséder, qu'il est nuisible de perdre. — De quelles facultés parles-tu? — Ne tenons-nous pas de la nature la modestie? — Si. — Celui qui la perd n'éprouve-t-il pas un dommage? n'est-il pas privé de quelque chose? n'a-t-il rien perdu de ce qui était à lui? Ne tenons-nous pas aussi de la nature la loyauté, la tendresse, le désir de rendre service, la patience les uns pour les autres? est-ce que celui qui les laisse s'altérer en lui n'éprouve ni tort ni dommage?

— Quoi donc? ne nuirai-je pas à qui m'a nui ? — D'abord, vois ce que c'est que de nuire, et rappelle-toi ce que tu as appris des philosophes. Car si le bien est dans notre libre choix, si le mal y est également, prends garde que ce que tu dis ne revienne à ceci : Pourquoi donc, puisque cet homme s'est nui à lui-même lorsqu'il m'a fait une injustice, ne me nuirais-je pas à moi-même en étant, moi aussi, injuste envers lui ? » Pourquoi ne pensons-nous pas ainsi ; et, lorsque notre santé ou notre fortune est appauvrie, nous semble-t-il que nous sommes lésés, tandis que nous ne le croyons pas lorsqu'il s'agit de notre libre arbitre ? C'est parce que l'erreur ou l'injustice ne fait souffrir ni notre tête, ni notre œil, ni notre hanche, et ne nous enlève pas notre champ. Nous ne voulons pas autre chose que cela. Mais d'avoir une volonté honnête et loyale, ou impudente et perfide, c'est ce qui nous inquiète peu, si ce n'est dans l'école pendant les discussions. C'est dans la discussion en effet que nous faisons des progrès, mais en dehors d'elle ils sont nuls.

CHAPITRE XV

Sur ceux qui persévèrent obstinément dans ce qu'ils ont décidé.

Certains hommes, ayant entendu dire dans les discussions qu'il faut être constant, que la volonté est, de sa nature, libre et ne peut être contrainte, mais que le reste peut être empêché et contraint, est esclave et étranger à nous, s'imaginent que, quoi qu'ils aient décidé, ils doivent y persévérer obstinément. Mais, avant tout, il faut que ta décision soit sensée. Car je veux que ton corps ait de la force, mais qu'elle soit due à la santé et à l'exercice. Si tu me montres une force due à la frénésie et si tu t'en vantes, je te dirai : « Homme, cherche un médecin, car ceci n'est pas de la force, mais, d'une autre manière, un manque de force. »

Voilà ce qui se passe dans l'âme des hommes qui entendent mal ces discussions dont nous parlions. Ainsi un de mes amis résolut sans aucun motif de se laisser mourir de faim. Je le sus lorsqu'il y avait déjà trois jours qu'il s'abstenait de nourriture, et, étant allé le trouver, je lui demandai ce qui arrivait. « Je l'ai décidé, dit-il. — Mais cependant qui t'y a engagé ? car, si ta décision est raisonnable, nous nous assoirons près de toi et nous t'aiderons à sortir de cette vie ; si elle est sans motif, changes-en. — Il faut persévérer dans ses résolutions. — Ô homme, que dis-tu ? non pas dans toutes, mais dans celles qui sont raisonnables. En effet, si tu décidais qu'il est nuit maintenant, tu ne changerais pas, tu persévérerais et tu dirais qu'il faut persévérer dans ses décisions ! Que fais-tu, ô homme ? pas dans toutes. Ne voudras-tu pas établir d'abord le principe et le fondement, examiner si ta décision est bonne ou mauvaise, et alors seulement asseoir là-dessus ta fermeté et ta constance ? Mais si tu établis un fondement branlant et en ruine, ce que tu poseras dessus ne s'écroulera-t-il pas d'autant plus vite que l'édifice sera plus fort et plus solide ? Sans aucune raison nous enlèveras-tu un homme, notre ami et notre compagnon de vie, citoyen de la même cité, de la grande comme de la petite (1) ? Puis, tu commets un meurtre, et, tuant un homme qui n'a rien fait de mal, tu dis : « Il faut persévérer dans ses décisions » ? S'il te venait par hasard à l'esprit de me tuer, te faudrait-il persévérer dans ta décision ? »

Celui dont je parle modifia avec peine sa résolution. Aujourd'hui il en est plusieurs qu'on ne peut faire changer. C'est pourquoi il me semble que je sais maintenant ce que j'ignorais auparavant, le sens de ce dicton populaire : « On ne persuade pas plus un fou qu'on ne le brise. » Qu'il ne m'arrive jamais d'avoir pour ami un phi-

---

(1) On a déjà vu (p. 35) que le monde entier est pour le sage stoïcien une grande cité. Chaque patrie est une petite cité dans la grande.

losophe insensé. Il n'y a rien de plus intraitable. « J'ai décidé. » Mais les fous aussi décident : et ils décident faussement, avec d'autant plus de fermeté qu'ils ont plus besoin d'ellébore. Ne veux-tu pas faire ce qui convient à un malade, et appeler le médecin ? « Je suis malade, maître, secours-moi ; examine ce que je dois faire ; c'est à moi de t'obéir. » De même ici : « Je ne sais pas ce que je dois faire ; je suis venu pour l'apprendre. » Mais non : « Parle-moi d'autre chose, lui dit-on, car ceci je l'ai décidé. » Et de quelle autre chose? car est-il rien de plus important et de plus utile que de te persuader qu'il ne suffit pas d'avoir décidé et de ne point modifier sa décision? Ainsi agit la force des fous, non celle des hommes sensés. « Je veux mourir si tu me forces à faire cela. — Pourquoi, ô homme, qu'est-il arrivé? — Je l'ai décidé. — Je suis heureux que tu n'aies pas décidé de me tuer. — Je n'accepte pas ton argent. — Pourquoi? — Je l'ai décidé. — Sache que cette force employée maintenant pour ne pas accepter, rien n'empêche que tu ne l'emploies quelque jour aussi témérairement pour accepter, et que tu ne dises de nouveau : « Je l'ai décidé. » Comme, dans le corps d'un malade perclus de rhumatismes, le mal se porte tantôt ici et tantôt là, ainsi une âme faible, lorsqu'elle se porte d'un côté, ne sait pas pourquoi, et quand, à cette inclination et à ce mouvement, se joint la force, alors il en résulte un mal qu'on ne peut secourir ni guérir.

LIVRE III

CHAPITRE XX

On peut tirer profit de toutes les choses extérieures.

Quand il s'agit d'idées théoriques, presque tous les hommes mettent le bien et le mal en nous, et non dans les choses du dehors. Personne ne déclare que c'est un bien de dire : Il fait jour; un mal, de dire : Il fait nuit; ni que dire : Trois font quatre, est le plus grand des maux. Mais que dit-on? que le savoir est un bien, que l'erreur est un mal. Ainsi donc il existe un bien relatif à l'erreur même, c'est de savoir qu'elle est une erreur. Il faudrait qu'il en fût de même dans la vie. La santé est-elle un bien? la maladie est-elle un mal? — Non, mon ami. — Qu'est-ce donc qui est un bien ou un mal? — Bien user de la santé est un bien; en user mal est un mal; de sorte qu'il y a un avantage à retirer de la maladie même. Par les dieux, n'y en a-t-il pas un à retirer de la mort? de la privation d'un membre? Te semble-t-il que Ménécée (1), quand il mourut, tira peu de fruit de sa mort? Et celui qui pense de même ne peut-il en retirer le même avantage? Est-ce que, ô homme, il n'a pas conservé ainsi son patriotisme? sa grandeur d'âme? sa loyauté? son naturel généreux? en vivant, n'aurait-il pas perdu tout cela? n'aurait-il pas acquis des choses toutes contraires? n'aurait-il pas assumé le crime de lâcheté, de manque de cœur et de patriotisme, de poltronnerie? Eh bien! te semble-t-il qu'il a peu gagné en mourant? Non. Mais le père d'Ad-

---

(1) *Ménécée*, fils de Créon, mourut pour sa patrie. Lors du siège de Thèbes par les sept chefs, Tirésias avait prédit que les Thébains seraient vainqueurs si Ménécée était sacrifié à Mars. Créon ne voulait pas y consentir, mais Ménécée se tua lui-même.

mète (1) a-t-il eu un grand avantage à vivre si lâche et si misérable? Plus tard, n'est-il pas mort? Cessez donc, au nom des dieux, de regarder avec respect ce qui n'est que la matière de nos actes (2). Cessez de vous faire vous-mêmes les esclaves, d'abord des choses, puis, à cause d'elles, des hommes qui peuvent vous les donner ou vous les enlever.

« Peut-on tirer profit de ces choses? — Oui, de toutes. — Même de celui qui vous insulte? — Celui qui exerce l'athlète ne lui est-il pas utile? — Très utile. — Celui qui m'injurie m'exerce de même; il m'exerce à la patience, au calme, à la douceur. Tu dis non; mais celui qui saisit mon cou, qui arrange mes hanches et mes épaules, m'est utile; et le maître de gymnase fait bien de me dire : Enlève des deux mains ce pilon; et plus celui-ci est lourd, mieux cela vaut pour moi; et si quelqu'un m'exerce à être calme, il ne m'est pas utile? C'est ne pas savoir tirer parti des hommes. Mon voisin est méchant? Il l'est pour lui-même, mais pour moi il est bon; il m'exerce à l'indulgence, à la modération. Mon père est méchant? Il l'est pour lui-même, mais pour moi il est bon. C'est la baguette de Mercure. « Touche ce que tu voudras, dit-il, et ce sera de l'or. » Non; mais apporte ce que tu voudras et j'en ferai un bien. Apporte la maladie, apporte la mort, apporte la pauvreté, apporte l'injure, la condamnation au dernier supplice; toutes ces choses me deviendront utiles grâce à la baguette de Mercure. — Que feras-tu de la mort? — Je t'en ferai une parure, un moyen de montrer que tu es un homme sachant se conformer à la volonté de la nature. — Que feras-tu de la maladie? — Je montrerai quelle est sa nature, je m'en embellirai, je la supporterai avec constance, je serai tranquille, je ne flatterai pas le médecin,

(1) Dans la tragédie d'*Alceste*, d'Euripide, la Mort consent à accepter une autre victime à la place d'Admète, et le vieux père de celui-ci est sollicité de se dévouer pour son fils. Il refuse, et c'est la jeune femme d'Admète qui se sacrifie.

(2) Les choses extérieures, qui, selon que nous agirons bien ou mal, seront bonnes ou mauvaises.

je ne souhaiterai pas de ne pas mourir. Que cherches-tu encore? Quoi que tu me donnes, j'en ferai une chose heureuse, avantageuse, honorable, enviable. »

Tu dis, non pas cela, mais : « Prends garde d'être malade, c'est un mal. » C'est comme si tu me disais : « Prends garde d'avoir jamais l'idée que trois font quatre, c'est un mal. Un mal? comment, ô homme? Si j'en pense ce que je dois en penser, comment cela me nuirait-il? n'en retirerai-je pas plutôt quelque avantage? Si je pense de la pauvreté, de la maladie, de la privation d'honneurs ce qu'il faut en penser, cela ne me suffit pas? n'est-ce pas un avantage pour moi? Pourquoi donc chercherais-je encore dans les choses du dehors les biens et les maux? Mais quoi? ces choses sont bonnes pour les discussions de l'école, personne ne les emporte chez soi ; au contraire, tout de suite on querelle son esclave, ses voisins, ceux qui vous raillent et qui rient de vous. Je souhaite du bonheur à Lesbius, parce que chaque jour il me montre que je ne sais rien.

LIVRE IV

CHAPITRE V

Contre les hommes belliqueux et farouches.

L'homme bon et sage ne se querelle avec personne, et, autant qu'il le peut, empêche que les autres se querellent. En cela comme en d'autres choses, la vie de Socrate nous est proposée pour modèle. Non seulement il évita toujours de se quereller, mais il empêcha les autres de le faire.

Vois chez Xénophon, dans le *Banquet* (1), combien de querelles il a apaisées; comment encore il supporta patiemment Thrasymaque, Polus, Calliclès (2); et sa femme, et son fils, disputant contre lui par des sophismes. En effet, il savait, d'une manière très sûre, que personne n'est maître d'une âme étrangère : il ne voulut donc rien d'autre que ce qui était sien. En quoi cela consiste-t-il? A ne pas forcer les autres à agir selon la nature, car leur volonté nous est étrangère; mais, tandis qu'ils agissent comme il leur paraît bon, vivre et agir soi-même selon la nature, tâchant seulement, autant qu'il dépend de soi, qu'eux aussi s'y conforment. Car tel est le but que l'homme bon et sage se propose toujours. Veut-il commander une armée? Non; mais s'il y est appelé, il veut conserver, dans cette occasion, la faculté directrice (3) qui lui est propre. Veut-il se marier? Non; mais si le mariage devient son lot, il se comporte de telle sorte qu'il reste en conformité avec la nature. Mais s'il veut que son fils et sa femme ne

---

(1) C'est le titre d'un dialogue de Xénophon.
(2) *Thrasymaque, Polus,* sophistes; *Calliclès,* ami du rhéteur Gorgias, qui donne son nom à un dialogue célèbre de Platon.
(3) *La faculté directrice,* la raison.

fassent rien de mal, il veut que les choses étrangères à lui ne le soient pas. Et s'instruire consiste à connaître ce qui nous appartient et ce qui nous est étranger.

Quel sujet de dispute y a-t-il donc pour celui qui pense ainsi? Rien de ce qui arrive l'étonne-t-il? Rien lui paraît-il nouveau? Ne s'attend-il pas, de la part des méchants, à des choses pires et plus fâcheuses que celles qui lui arrivent? Ne regarde-t-il pas comme un gain tout ce qui manque à l'extrême infortune? « Celui-ci t'a insulté, sois-lui reconnaissant de ne t'avoir pas frappé. — Mais il m'a frappé. — Sois-lui reconnaissant de ne t'avoir pas blessé. — Mais il m'a blessé. — Sois-lui reconnaissant de ne t'avoir pas tué. Quand et de qui a-t-il appris, en effet, que l'homme est un être doux, sociable, et que l'injustice est un grand mal pour celui qui la commet? Donc, puisqu'il n'a pas appris ces choses et n'en est pas persuadé, pourquoi ne ferait-il pas ce qui lui semble avantageux? — Mon voisin m'a jeté des pierres. — As-tu, toi, commis une faute? — Tout ce qui est dans ma maison a été brisé. — Et toi, es-tu donc un meuble? Non; mais une volonté libre. Que t'a-t-il été donné pour faire face à ce que tu dis? En tant que loup, de mordre ton adversaire et de jeter un plus grand nombre de pierres : en tant qu'homme, si tu veux le savoir, regarde ton trésor, vois quelles facultés tu avais en venant au monde : est-ce la férocité, est-ce le désir de vengeance? Quand un cheval est-il malheureux? Quand il est privé de ses facultés naturelles; non quand il ne peut chanter comme le coq, mais quand il ne peut courir. Et le chien? Non quand il ne peut voler, mais quand il ne peut suivre la piste. N'est-il pas vrai aussi que l'homme malheureux est non celui qui ne peut étrangler des lions (car il n'a pas reçu de la nature, en venant au monde, des facultés pour faire cela), mais celui qui a perdu la bienveillance, la loyauté? Pour celui-là, il conviendrait à ceux qui le rencontrent de gémir, devant les maux dans lesquels il est tombé; il faut le plaindre, par les dieux, non d'être né ou d'être mort, mais d'avoir perdu de son vivant ce qui était sien, non pas son patrimoine, son champ, sa maison, son hôtellerie et ses esclaves (car rien de tout cela n'appartient en propre à l'homme; ce sont des choses étrangères, dépendantes, soumises à autrui, données tantôt aux uns, tantôt aux autres par ceux qui les possèdent) : mais les choses vraiment humaines, les marques qu'il portait en venant au monde, telles que celles que nous cherchons sur les monnaies, les jugeant bonnes si nous les y trouvons, les rejetant si nous ne les y trouvons pas. « Quelle marque a cette pièce de quatre as? — Celle de Trajan. — Apporte-la. — Elle a la marque de Néron. — Jette-la; elle est mauvaise, elle est altérée. » — De même ici : « Quelle marque ont ses résolutions ? — Celle de la douceur, de la sociabilité, de l'indulgence, de l'amour d'autrui. — Apporte, je le reçois; je le fais mon concitoyen, je l'accepte comme voisin, comme compagnon de traversée. Regarde seulement s'il ne porte pas la marque de Néron. N'est-il pas colère? n'est-il pas rancunier? n'aime-t-il pas à se plaindre? quand cela lui paraît bon, ne frappe-t-il pas à la tête ceux qu'il rencontre? Pourquoi donc alors disais-tu que c'est un homme? Car est-ce par la forme seule qu'on juge chaque chose? En ce cas, dis qu'une boule de cire est une pomme. Mais pour en être une il faut qu'elle ait l'odeur et le goût de la pomme : il ne suffit pas qu'elle en ait la configuration extérieure. De même, pour être un homme, ce n'est pas assez du nez et des yeux; des résolutions dignes d'un homme sont aussi nécessaires. Celui-ci n'écoute pas la raison, ne se rend pas quand on le convainc d'une vérité : c'est un âne. La modestie est morte en celui-là : il n'est bon à rien, il est tout plutôt qu'un homme. Cet autre cherche à rencontrer quelqu'un pour le mordre ou le fouler aux pieds : ce n'est pas même une brebis ou un âne, c'est une espèce de bête sauvage.

— Quoi donc! veux-tu que je me laisse mépriser? — Par qui? par ceux qui s'y connaissent? Comment ceux qui s'y connaissent te mépriseraient-ils parce que tu es doux, parce que tu es modeste? Ou par ceux qui ne s'y connaissent pas ? Que t'importe ? Un homme habile dans son art se soucie-t-il des ignorants ? — Mais ils m'attaqueront encore davantage. — Pourquoi dis-tu : moi ? est-ce que l'on peut nuire à ton libre arbitre, ou t'empêcher d'user conformément à la nature des représentations qui te sont offertes ? — Non. — Pourquoi donc te troubles-tu, et veux-tu te montrer redoutable ? Pourquoi ne t'avances-tu pas plutôt en public pour proclamer que tu es en paix avec tous les hommes, quoi qu'ils fassent; et pourquoi surtout ne ris-tu pas de ceux qui pensent te nuire ? « Ces esclaves ignorent qui je suis, où je mets les biens et les maux ; ils ne savent pas qu'il leur est impossible d'atteindre ce qui m'appartient. »

Ainsi, ceux qui ont une ville bien fortifiée rient des assiégeants : « Pourquoi se donnent-ils de la peine pour rien ? (disent-ils). Nos murailles sont solides ; nous avons des vivres pour longtemps ; nous sommes bien munis de tout. » C'est là, en effet, ce qui rend une ville forte et imprenable : mais l'âme de l'homme ne l'est que par ses convictions. Car, pour qu'elle soit telle, quel mur est assez solide, quel corps assez indomptable, quelle possession assez assurée, quelle dignité assez à l'abri des embûches ? Ces choses, partout, sont périssables, aisées à enlever ; celui qui s'y attache en quelque manière doit nécessairement se troubler, espérer à tort, craindre, pleurer, avoir des désirs inassouvis, tomber dans ce qu'il veut éviter. Et puis nous ne voulons pas fortifier la seule défense qui nous a été donnée ! nous ne repoussons pas les choses périssables et dépendantes pour cultiver celles qui sont, par leur nature, impérissables et indépendantes ! nous ne nous souvenons pas qu'un homme ne peut faire ni bien ni mal à un autre, mais que l'opinion de chacun à l'égard de tout cela est ce qui nuit, ce qui bouleverse, ce qui cause les luttes, les discordes, les guerres. Ce qui a fait Étéocle et Polynice, ce n'est pas autre chose que leur opinion sur la royauté, sur l'exil ; parce que celui-ci leur paraissait le plus grand des maux, celle-là le plus grand des biens. Or, c'est la nature de tous les êtres de chercher le bien, de fuir le mal, et de regarder comme ennemi et comme traître quiconque veut leur enlever l'un et les jeter dans l'autre, fût-ce leur frère, leurs fils ou leur père. Car rien ne nous touche d'aussi près que le bien ; donc, si les choses extérieures sont des biens et des maux, le père n'est plus un ami pour son fils ni le frère pour son frère ; mais partout il n'y a qu'ennemis, traîtres et calomniateurs. Si, au contraire, le bien est ce qu'il convient que soit la volonté, le mal ce qu'elle ne doit pas être, que deviennent les querelles, les injures ? quelle raison d'être auraient-elles ? des choses qui ne nous touchent pas ? Et envers qui ? envers des ignorants, des malheureux, qui se trompent sur les choses les plus importantes ?

Socrate, qui savait cela, gouvernait sa maison, supportant la plus méchante des femmes et un fils ingrat. En effet, que résultait-il pour lui de cette méchanceté ? que sa femme lui versait sur la tête toute l'eau qu'elle voulait, qu'elle piétinait son gâteau. « Que m'importe ? (disait Socrate) puisque ces choses me sont indifférentes. Ceci est mon œuvre, et ni tyran, ni maître, ne peut m'en empêcher, si je le veux ; en ceci beaucoup ne peuvent rien contre un seul, ni le plus fort contre le plus faible ; car cette indépendance a été donnée par Dieu à chacun. » De telles convictions engendrent l'amitié dans la famille, la concorde dans la cité, la paix entre les nations, la reconnaissance envers Dieu, l'absence de toute crainte, parce qu'il n'est question que de choses étrangères à nous et sans valeur. Mais nous sommes bien capables d'écrire et de lire ces choses, et de les louer quand nous les avons lues ; nous sommes loin d'en être pénétrés. Aussi, ce qu'on disait des Lacédémoniens :

« Ils sont des lions chez eux et des renards à Éphèse », nous convient également : lions à l'école, renards une fois sortis.

CHAPITRE XII

De l'attention.

Si tu te relâches un moment de ton attention sur toi-même, ne pense pas que tu la retrouveras quand tu le voudras ; mais sois assuré que, à cause de ta faute d'aujourd'hui, les choses iront désormais forcément plus mal pour toi. Car d'abord, et c'est le pis, on contracte l'habitude de ne pas faire attention, puis l'habitude de différer d'être attentif, de telle sorte que toujours on remet et on reporte d'un temps à un autre la vie heureuse, honnête, la conduite selon la nature. Si remettre d'être attentif à un autre temps est utile, il sera plus utile encore d'y renoncer tout à fait ; s'il n'est pas utile d'y renoncer, pourquoi ne pas observer une attention continuelle ? « Aujourd'hui je veux jouer. — Quoi donc ! en jouant ne dois-tu pas être attentif ? — Je veux chanter. — En quoi cela t'empêche-t-il d'être attentif ? Peut-on excepter de la vie une seule chose à laquelle l'attention ne s'étende pas ? En rend-on une seule pire en étant attentif, meilleure en ne l'étant pas ? Est-il quoi que ce soit dans la vie qui soit amélioré par le manque d'attention ? Le charpentier inattentif construit-il mieux ? Le pilote négligent conduit-il plus sûrement ? Est-il quelque travail parmi les moins importants qui soit mieux exécuté sans l'attention ? Ne sens-tu pas que, lorsque tu as laissé aller ta pensée, il n'est plus en ton pouvoir de la rappeler à toi pour être honnête, modeste, réservé ? Mais tu fais tout ce qui te vient à l'esprit, tu obéis aux tentations.

A quoi donc dois-je faire attention ? D'abord à ces vérités universelles qu'il faut tenir pour évidentes et sans lesquelles tu ne dois ni dormir, ni te lever, ni boire, ni manger, ni te réunir à d'autres hommes : à savoir, que personne n'est maître de la volonté d'autrui et que, dans cette seule volonté, est le bien ou le mal ;

que personne donc n'a le pouvoir de me faire du bien ou de me précipiter dans le mal; mais que, pour cela, je ne dépends que de moi seul. Puisque je suis tranquille sur ce point, pourquoi me troublerais-je à propos des choses extérieures ? Quel tyran, quelle maladie, quelle pauvreté, quelle offense me sera redoutable ? — Mais je n'ai pas plu à un tel. — Est-ce donc lui qui est ma façon d'agir ? est-ce donc lui qui est ma façon de juger ? — Non. — Que m'importe alors ? — Mais il semble être un personnage. — Cela le regarde, et les gens à qui il paraît tel. Moi, j'ai quelqu'un à qui je dois plaire, à qui je dois me soumettre, à qui je dois obéir ; Dieu, et ceux qui viennent après lui. Il m'a placé à la garde de moi-même, et m'a soumis à ma seule volonté, me donnant des règles pour en user sagement ; lorsque j'applique ces règles aux syllogismes, je ne m'inquiète en rien qu'un autre parle différemment ; lorsque je les applique aux raisonnements équivoques, je ne m'occupe de personne. Pourquoi donc, dans les choses plus importantes, ceux qui me critiquent me chagrinent-ils ? Quelle est la cause d'un trouble pareil ? Il n'y en a pas d'autre que le manque d'exercice sur ce point. En effet, la science méprise l'ignorance et les ignorants ; et cela est vrai non seulement pour les sciences, mais même pour les métiers. Amène le savetier que tu voudras, et il se moquera de tout le monde dans ce qui concerne son travail. Amène de même le charpentier que tu voudras.

Il faut donc avant tout tenir ces vérités pour évidentes et ne rien faire qui y soit contraire; mais tendre son âme vers ce but, de ne rechercher rien parmi les choses extérieures, les choses qui ne dépendent pas de nous; de les accepter comme les a disposées celui qui a le pouvoir. Pour celles qui dépendent de notre volonté, nous devons sans exception les rechercher, mais prendre les autres telles qu'on nous les donne. De plus, il faut nous rappeler qui nous sommes, quel est notre nom, et tâcher de faire ce qui convient dans toutes les circonstances ; nous demander quand il est opportun de chanter, de jouer, et devant quelles personnes ; qu'est-ce qui est hors de propos ; qu'est-ce qui exciterait le mépris des assistants envers nous, ou le nôtre envers eux ; quand il faut plaisanter et qui il faut railler ; en quoi et pour qui il faut être indulgent, et comment, en pratiquant cette indulgence, conserver cependant notre dignité. Lorsque tu te seras écarté d'une de ces règles, aussitôt le châtiment viendra, non du dehors mais de ton acte même.

Quoi donc! peut-on ne jamais faillir? C'est impossible ; mais ce que l'on peut, c'est être attentif à ne pas faillir. Car nous avons fait assez si, en ne nous relâchant jamais de cette attention, nous évitons quelques fautes. Mais si tu dis maintenant : « Demain je ferai attention », sache que c'est dire : « Aujourd'hui je serai imprudent, maladroit, vil ; il sera au pouvoir des autres de me faire souffrir ; aujourd'hui je serai irascible et envieux. » Vois combien de maux tu attires sur toi-même. Mais si tu te trouves bien d'être attentif demain, combien tu te trouveras mieux de l'être aujourd'hui ; si cela t'est avantageux demain, combien plus aujourd'hui ; sois le, pour pouvoir l'être demain et ne pas remettre de l'être à après-demain.

CHAPITRE XIII

Pour ceux qui révèlent trop facilement ce qui les concerne.

Lorsqu'il nous a semblé que quelqu'un nous parlait franchement de ses affaires, nous sommes entraînés, nous aussi, à lui révéler nos secrets, et nous pensons que c'est de la loyauté : d'abord parce qu'il nous semble injuste d'écouter les confidences d'autrui sans en faire à notre tour ; puis parce que nous jugeons que nous ne paraîtrions pas francs aux autres hommes si nous taisions ce qui nous concerne. Bien souvent, certes, on nous dit : « Moi, je t'ai confié toutes mes affaires ; mais toi tu ne veux rien me dire des tiennes ! pourquoi cela ? » Ajoutez que nous croyons pouvoir nous confier avec assurance à celui qui s'est déjà confié à nous ; car cette pensée se glisse en nous qu'il ne divulguera pas nos secrets de peur que nous ne divulguions les siens. Ainsi à Rome les gens indiscrets sont surpris par les soldats. Un soldat vêtu en simple particulier s'assoit auprès de toi, et il commence à médire de César; alors toi, comme si tu avais reçu un gage de sa bonne foi, parce qu'il a dit le premier des paroles injurieuses, tu dis à ton tour ce que tu penses; et l'on t'entraîne garrotté en prison. Voilà ce qui généralement nous arrive. Parce qu'un homme s'est confié à moi en toute assurance, puis-je, moi, me confier au premier venu? Je tais ce que j'ai entendu, si c'est mon caractère, mais lui s'en va faire à tous des révélations : puis, si j'apprends ce qui est arrivé, et que je lui ressemble, voulant me venger, je publie ses secrets; je trouble et je suis troublé. Si je me souviens au contraire qu'un homme ne peut nuire à un autre, mais que nos seules actions nous nuisent ou nous sont utiles, je suis bien maître de ne pas lui ressembler, mais je n'en supporte pas moins les conséquences de mon bavardage.

« Soit. Mais il est injuste, quand on a entendu les secrets d'un autre, de ne rien lui confier des siens à son tour. — O homme, t'y ai-je donc encouragé? Est-ce que tu m'as livré tes secrets à condition que tu entendrais les miens en retour? Si tu es bavard, et si tous ceux que tu rencontres te paraissent des amis, veux-tu que je te ressemble? Si tu t'es confié à moi avec raison, mais qu'il ne soit pas raisonnable de se confier à toi, veux-tu que je m'y laisse entraîner? C'est comme si j'avais, moi, un tonneau solide, toi, un tonneau percé; que tu vinsses m'apporter ton vin pour que je le misse dans mon tonneau, et que tu fusses mécontent que je ne te confiasse pas mon vin, parce que tu as un tonneau percé. Comment donc y aurait-il égalité? Tu te confies à un homme sûr, honnête, qui croit que ses seules actions peuvent lui être utiles ou nuisibles, que les choses extérieures ne sont rien : et tu veux que je me confie à toi, à un homme qui méprise son libre arbitre, qui veut parvenir à la fortune, au pouvoir, ou se pousser à la cour, dût-il pour cela égorger ses enfants comme Médée (1) ? Où est l'égalité ? Mais montre-moi que tu es un homme sûr, honnête, digne de confiance ; montre-moi que tu as des pensées bienveillantes, montre-moi que ton vase n'est pas percé, et tu verras que je n'attendrai pas que tu te confies à moi, mais que, de moi-même, allant à toi, je te prierai d'entendre mes secrets. Qui ne voudrait, en effet, se servir d'un vase en bon état ? qui donc méprise un conseiller bienveillant et sûr ? Qui n'accueille pas volontiers celui qui vient, pour ainsi dire, recevoir sa part du fardeau de vos épreuves, et, par cette part qu'il y prend, vous le rendre plus léger ?

— Oui. Mais moi j'ai confiance en toi ; toi tu n'as pas confiance en moi ! — D'abord tu n'as pas confiance en moi, mais tu es un bavard, et à cause de cela tu ne peux rien garder. Autrement, en effet, tu ne te confierais qu'à moi seul. Mais, maintenant, si tu vois quelqu'un qui est de loisir, t'asseyant auprès de lui, tu dis : Frère, je n'ai personne qui m'aime plus que toi ni qui me soit plus cher, je te demande d'écouter mes secrets. Et cela, tu le fais envers des hommes qui ne te sont pas connus le moins du monde. Mais si tu as confiance en moi, il est évident que c'est parce que je suis sûr et honnête, non parce que je t'ai dit mes secrets. Permets donc que moi aussi je pense de même. Montre-moi que, si l'on raconte ses affaires, on est par cela même sûr et honnête. Car, en ce cas, j'irais de tous côtés dire mes secrets à tous les hommes, si à cause de cela je devais être sûr et honnête. Mais il n'en va pas ainsi ; mais il te faut des principes qui ne soient pas vulgaires. Si donc tu vois quelqu'un s'attacher aux choses qui sont soustraites à la volonté, et leur soumettre son libre arbitre, sache que cet homme peut être contraint ou empêché d'agir par mille causes. Il n'est pas

---

(1) La magicienne Médée, femme de Jason, égorgea ses enfants pour se venger de son époux.

besoin d'employer la poix ou la roue (1) pour qu'il dise ce qu'il sait; il suffira au besoin de la bienveillance des amis de César, du désir d'une charge, d'un héritage, et de mille choses semblables. Il faut donc se rappeler, d'une façon générale, que les conversations secrètes réclament un homme sûr et des principes également sûrs. Mais où trouver facilement cela maintenant? Que l'on me montre un homme tel, qu'il dise : « Je m'occupe seulement des choses qui sont miennes, sans entraves, libres de leur nature : telle est pour moi l'essence du bien; que le reste soit ce qu'il lui sera donné d'être, je ne m'en inquiète pas. »

(1) C'est-à-dire de cruels supplices.

MARC-AURÈLE

INTRODUCTION

I

Marc-Aurèle (121-180 ap. J.-C.) succéda en 161 à l'empereur Antonin qui l'avait adopté. Il eut à repousser des invasions de peuples barbares qui commençaient à menacer l'empire romain : il le fit avec énergie. Parvenu au trône dans des circonstances difficiles, au milieu des luttes des partis, il gouverna en général avec sagesse. Il avait un goût très vif pour l'étude de soi-même, pour la vie intérieure, et il cherchait, dans la méditation fréquente, des encouragements et des consolations.

II

Ses *Pensées* ne sont pas un traité proprement dit, mais une suite de réflexions morales qu'il intitule : « A moi-même ». Il n'y faut pas chercher un ordre logique ni un objet nettement défini. Même la division généralement adoptée en livres et paragraphes, quoique fort ancienne, n'est pas de Marc-Aurèle.

On trouve dans les *Pensées* les principaux dogmes de la philosophie stoïcienne : liberté morale, détachement des biens extérieurs, résignation à la souffrance et à la mort, soumission absolue à la volonté divine. Mais, plus qu'Épictète, l'idée de la fraternité humaine préoccupe Marc-Aurèle : il s'exhorte souvent à pratiquer envers autrui l'indulgence, le pardon des offenses ; persuadé qu'on ne fait le mal que par ignorance, et qu'en le faisant on ne nuit qu'à soi-même, il veut, s'il ne peut corriger les hommes, supporter du moins leurs défauts avec patience ; il s'efforce de leur être utile, ne croyant pas que l'homme, destiné par sa nature à vivre en société, puisse séparer son bien propre de celui de ses semblables (1).

---

(1) Nous avons eu sous les yeux, en composant ces extraits, le texte grec de l'édition Didot avec la traduction latine, et la traduction française de A. Pierron.

LES PENSÉES

(EXTRAITS)

LIVRE II

1.

Dès l'aurore, se dire à soi-même : Je rencontrerai un curieux, un ingrat, un insolent, un trompeur, un envieux, un homme insociable. Tous ces vices viennent en eux de l'ignorance des biens et des maux ; mais moi, connaissant clairement que la nature du bien est l'honnête, et celle du mal, ce qui est honteux, que celle du coupable est d'être mon parent, non par le sang, mais comme participant à l'esprit en prélevant une parcelle de la divinité (1), je ne puis être lésé par aucun de ceux-là, car aucun ne me précipitera dans ce qui est honteux ; ni je ne puis m'irriter contre mon parent, et le haïr. Car nous sommes nés pour agir de concert, comme les pieds, les mains, les paupières, les mâchoires. C'est pourquoi agir les uns contre les autres est contre nature ; et c'est agir ainsi que de s'irriter et de haïr.

---

(1) Les stoïciens pensent que le principe de l'univers est le feu, qui, par sa tension et son effort, transforme les éléments. Les êtres se classent selon l'énergie de la puissance active ; l'homme prend place entre les dieux et les animaux : son âme est une étincelle du feu divin, une parcelle de l'intelligence universelle. Tous les hommes sont frères, par cette participation commune à la divinité, et doivent coopérer à l'harmonie du monde.

11.

Comme il peut se faire qu'à l'instant même tu sortes de la vie, règle ainsi chacune de tes actions et de tes pensées. Quitter la vie, s'il est des dieux, n'a rien de redoutable; car ils ne te précipiteront pas dans le malheur; s'il n'y en a pas, ou s'ils ne prennent pas soin des choses humaines, que m'importe de vivre dans un monde privé de dieux ou de providence? Mais il est des dieux et ils prennent soin des choses humaines; et, pour que l'homme ne tombe pas dans des maux réels, ils lui ont donné tout pouvoir. Si, dans les autres choses, il se trouvait quelque mal, ils y pourvoiraient aussi, afin qu'il lui fût toujours possible de n'y pas tomber. Mais, ce qui ne rend pas l'homme plus mauvais, comment rendrait-il pire la vie de l'homme? Ce n'est point par ignorance, ou, le sachant, par impuissance à le prévenir ou à le corriger, que la nature de l'univers aurait négligé ce mal; ce n'est ni par impuissance ni par défaut d'art qu'elle aurait commis cette faute de distribuer indifféremment les biens et les maux aux bons et aux méchants. Mais la mort et la vie, l'honneur et l'ignominie, la douleur et le plaisir, tout cela est distribué indifféremment aux bons et aux méchants, parce que ces choses ne sont ni honnêtes ni honteuses. Elles ne sont donc ni des biens ni des maux.

17.

Le temps que dure la vie humaine est un point; la matière est une eau courante (1); la sensation est obscure; l'assemblage des parties du corps est corruptible: l'âme est un tourbillon; la fortune est énigmatique; la réputa-

(1) Rien, selon les stoïciens, n'est stable dans le monde; l'univers subit des transformations successives selon que le feu agit avec plus ou moins d'intensité; au terme de l'évolution, il se consume dans un vaste incendie, puis le feu s'amortit et une nouvelle évolution commence.

tion est sans règle ; bref, tout ce qui est corporel est un fleuve ; tout ce qui touche à l'âme est songe et fumée ; la vie est une guerre et une halte de voyageur ; la renommée future est l'oubli. Qui peut donc nous servir de guide? une seule et unique chose, la philosophie. Or, la philosophie consiste à préserver le génie qui est en nous (1) de tout affront, de tout dommage, à triompher du plaisir et de la douleur, à ne rien faire au hasard, à ne pas tromper, à ne pas dissimuler, à n'avoir pas besoin qu'un autre agisse ou n'agisse pas, en outre à recevoir ce qui nous arrive, ce qui nous est donné, parce que ces choses viennent d'où ce génie vient lui-même; puis c'est d'attendre la mort paisiblement, parce qu'elle n'est rien que la dissolution des éléments dont tous les êtres sont composés. S'il n'y a rien à craindre pour les éléments de ce que chacun d'eux se change continuellement en un autre, pourquoi verrait-on avec peine le changement et la dissolution de toutes choses? Car cela est conforme à la nature, et rien n'est mal de ce qui est conforme à la nature (2).

(1) La parcelle de feu divin, sorte de dieu intérieur qui meut le corps.
(2) Le souverain bien pour chaque être est de vivre conformément à sa nature, contribuant ainsi pour sa part à l'ordre universel.

LIVRE III

4.

Ne consume pas ce qui te reste de vie dans des pensées sur autrui, à moins que tu n'aies en vue l'utilité publique (car certainement tu manques à un autre devoir); c'est-à-dire qu'en pensant à ce que fait celui-ci, et pourquoi il le fait, à ce qu'il dit, à ce qu'il imagine, à ce qu'il machine, et autres choses semblables, tu te laisses entraîner loin de l'observation attentive du principe modérateur qui est en toi. Il faut donc éviter, dans l'enchaînement de tes pensées, le hasard et l'erreur, par-dessus tout la curiosité, la malignité, et t'accoutumer à avoir seulement des pensées telles, qu'étant interrogé à l'improviste : « A quoi penses-tu en ce moment ? » tu puisses répondre sur-le-champ avec franchise que tu penses à ceci ou à cela ; en sorte qu'il soit d'abord évident que tout en toi est d'un être simple, bienveillant, sociable, indifférent aux pensées qui n'ont pour objet que le plaisir ou la recherche des jouissances, à toute haine, à toute jalousie, à tout soupçon, ou à quoi que ce soit qui te ferait rougir si tu avouais que tu l'as dans l'esprit. Car un tel homme, ne différant pas un instant de se mettre au rang des hommes vertueux, est comme un prêtre et un ministre des dieux ; il vit familièrement aussi avec ce génie qu'il porte en lui, qui rend l'homme pur de toute volupté, invulnérable à toute souffrance, hors de l'atteinte de toute injure, insensible à toute méchanceté, athlète pour le bon combat, pour la victoire à remporter sur toutes les passions, pénétré de justice, accueillant de toute son âme tout ce qui lui arrive, tout ce qui lui est attribué, songeant rarement, et jamais sans une nécessité très grande et d'intérêt public, à ce que dit celui-ci, à ce que fait celui-là, à ce que pense cet autre, car il ne s'occupe assidûment que de ce qui dépend de lui, que de ce qu'il pense lui être destiné par les lois de l'univers ; et ces choses qui lui semblent honnêtes, il croit fermement qu'elles sont bonnes ; en effet, la destinée qui est notre partage est entraînée et entraîne à son tour selon les lois de l'univers. Il se souvient que tout être qui participe à la raison est son parent, et que chérir tous ses semblables est conforme à la nature de l'homme ; qu'il faut rechercher non cette gloire qui vient de la multitude, mais celle que donnent les hommes vivant conformément à la nature. Pour ceux qui ne vivent pas ainsi, il se souvient toujours de ce qu'ils sont chez eux et au dehors la nuit et le jour, et de leurs pareils auxquels il se frotte. Il ne fait donc aucun cas de la louange de tels hommes, qui ne sont même pas satisfaits d'eux-mêmes.

6.

Si tu découvres dans la vie humaine quelque chose de meilleur que la justice, la vérité, la tempérance, le courage, de meilleur enfin qu'une intelligence capable de se suffire à elle-même dans toutes les occasions où elle donne la droite raison pour règle à tes actes et de se contenter du destin dans celles qui ne dépendent pas de notre choix ; si tu vois, dis-je, quelque chose de meilleur, t'étant tourné de toute ton âme vers cet objet, jouis du bien suprême que tu as trouvé. Mais si rien ne te paraît meilleur que le génie résidant en toi, devenu le maître de ses propres passions, jugeant ses représentations, s'arrachant, comme dit Socrate, aux affections sensibles, se soumettant aux dieux et prenant souci des hommes ; si tu trouves toute chose petite et de peu de valeur au prix de lui, ne donne aucune place à tout ce qui n'est pas lui, car si tu penchais, si tu t'inclinais une seule fois d'un autre côté, tu ne pourrais plus avoir pour ce bien qui t'appartient en propre une préférence inébranlable. Il n'est pas permis d'opposer au bien, conforme à la raison et mis en pratique, quoi que ce soit d'étranger, comme les louanges de la multitude, les magistratures, la jouissance des plaisirs. Toutes ces choses, si peu que tu croies qu'elles te conviennent, prévaudront aussitôt et t'entraîneront. Toi, dis-je, choisis donc simplement et librement le meilleur et t'y attache. — Mais le meilleur, c'est ce qui est utile. — S'il s'agit de ce qui est utile à l'être raisonnable, conserve-le ; mais rejette ce qui n'est utile qu'à l'animal, et garde un jugement modeste, afin de procéder du moins à un examen exempt d'erreur.

7.

N'estime jamais chose utile pour toi ce qui t'obligera un jour à manquer à ta parole, à perdre le respect de toi-même, à haïr quelqu'un, à soupçonner, à maudire, à dissimuler, à désirer quelque objet qui ait besoin d'être entouré de murailles et de voiles (1). Car celui qui préfère à tout son intelligence et le génie qui réside en lui, ainsi que les mystères de la vertu, ne pousse pas des plaintes emphatiques, ne gémit pas, ne recherche ni la solitude ni un entourage nombreux ; il vivra, c'est le mieux, sans attachement ni répugnance pour la vie, se souciant peu du temps plus ou moins long pendant lequel son âme sera enfermée dans un corps et s'en servira ; car s'il lui faut être congédié à l'instant, il partira aussi facilement, avec autant d'empressement qu'il en mettrait à faire toute action conforme à la modestie et à la décence. La seule chose qu'il redoute pendant toute sa vie, c'est de diriger sa pensée vers ce qui ne convient pas à un être raisonnable et né pour la société.

(1) C'est-à-dire : que tu aurais honte de désirer ouvertement.

LIVRE IV

3.

Ils se cherchent des retraites, maisons de campagne, grèves, montagnes, et toi aussi tu as coutume de désirer de tels biens. C'est le fait d'un homme très ignorant, puisque tu peux, à l'heure que tu veux, te retirer en toi-même. Nulle part l'homme n'a de retraite plus paisible, plus éloignée des affaires, que dans son âme même, surtout s'il trouve en lui de telles choses qu'en les contemplant il fasse naître aussitôt la quiétude, et par quiétude je ne veux entendre que l'ordre intérieur. Donne-toi donc fréquemment cette retraite et renouvelle-toi toi-même; qu'il y ait là des maximes brèves, élémentaires, qui, dès qu'elles s'offriront à toi, suffiront à calmer ton esprit et à te renvoyer en état de supporter sans t'indigner ces choses vers lesquelles tu retournes. Qu'est-ce qui t'indigne, en effet? Est-ce la méchanceté des hommes? Méditant en toi-même sur cette loi, que les êtres raisonnables sont nés les uns pour les autres, que se supporter est une partie de la justice, qu'on fait le mal malgré soi, et que beaucoup, après avoir vécu dans les inimitiés, les soupçons, les haines, les querelles, ont été réduits à n'être plus que cendre, cesse enfin de t'indigner. Mais t'indignes-tu à cause de ce qui t'est échu d'après les lois universelles? Rappelle en ton esprit cette alternative: qu'il y a une Providence, ou des atomes; ou bien cette démonstration: que le monde est comme une cité (1). Mais les choses corporelles t'importunent encore? Songe que l'intelligence n'a rien à voir avec le souffle doux ou rude qui nous agite, dès qu'elle s'est retirée en elle-

---

(1) Voyez page 63 (§ 4) cette démonstration.

même et a pris conscience de son pouvoir propre ; songe aussi à tout ce que tu as encore entendu et approuvé touchant la douleur et le plaisir. Mais est-ce une vaine gloire qui te tire en divers sens ? Regarde la rapidité de l'oubli dans lequel tout est enseveli ; quelle immensité de temps est devant et derrière toi : combien est vain ce bruit qui retentit ; combien sont changeants et dépourvus de jugement ceux qui semblent te louer ; combien est étroit le lieu qui circonscrit cette louange. En effet, la terre entière est un point, et, de celle-ci, quel petit coin est notre séjour, combien peu d'hommes, et quelle sorte d'hommes, t'y célébreront ! Il reste donc que tu te souviennes de te retirer dans ce petit domaine qui est toi-même ; avant tout, ne te laisse pas tirer en divers sens, ne t'obstine pas, mais sois libre, et regarde les choses en homme, en citoyen, en mortel. Dans celles qui s'offrent le plus habituellement à ton esprit, et que tu considères attentivement, place les deux suivantes : l'une, que les choses extérieures n'atteignent point l'esprit, mais sont comme immobiles au dehors, les contrariétés venant seulement de l'idée que l'on s'en fait ; l'autre, que tout ce que tu vois changera bientôt et ne sera plus : songe continuellement à combien de changements tu as déjà assisté ! Le monde est changement, la vie est opinion.

4

Si l'intelligence nous est commune, il en est de même de la raison, par laquelle nous sommes des êtres raisonnables ; et il en est de même encore de cette raison qui prescrit ce qui doit être fait, ce qui ne doit pas l'être ; par suite, la loi nous est commune et nous sommes concitoyens ; donc, nous sommes soumis au même gouvernement et le monde est comme une cité ; en effet, à quel autre gouvernement dirait-on que le genre humain tout entier est soumis ? Mais c'est de là, c'est de cette cité commune que nous viennent l'intelligence, la raison, la loi ; ou bien, d'où viendraient-elles ? Car, comme ce qui est terrestre en moi est une partie prise à quelque terre, ce qui est humide à un autre élément; comme mon souffle vient de quelque source, et ce qui est chaud et enflammé de quelque autre spécialement propre à le fournir — rien ne venant de rien, rien n'étant réduit à rien — ainsi l'intelligence vient également de quelque cause.

20.

Tout ce qui est beau, de quelque manière que ce soit, est beau en lui-même; sa beauté est en lui, l'éloge n'en fait pas partie. Louer un objet ne le rend ni plus mauvais ni meilleur. Et je dis ceci de toutes les choses que le commun usage appelle belles : des objets matériels comme des œuvres de l'art. Ce qui est réellement beau a-t-il besoin d'être loué? pas plus que la loi, pas plus que la vérité, pas plus que la bienveillance, pas plus que le respect de soi-même. Est-il en cela quelque chose que la louange embellisse, que le blâme corrompe? Est-ce que l'émeraude est moins belle parce qu'on ne la loue pas? Que dire de l'or, de l'ivoire, de la pourpre, d'une lyre, d'un glaive, d'une fleur, d'un arbrisseau?

31.

Aime l'art que tu as appris, et tiens t'en là. Ce qui te reste de vie, passe-le en homme qui a remis aux dieux, de toute son âme, tout ce qui le concerne, ne te faisant ni le tyran ni l'esclave d'aucun homme.

48.

Songe continuellement combien de médecins sont morts, qui souvent avaient froncé le sourcil à l'aspect des malades; combien de mathématiciens, qui avaient prédit la mort des autres comme une chose très importante; combien de philosophes, qui avaient mille fois discuté touchant la mort ou l'immortalité ; combien de guerriers, qui en avaient tué beaucoup d'autres ; combien de tyrans, qui avaient usé avec une cruelle insolence du droit de vie et de mort, comme s'ils étaient eux-mêmes immortels ; combien de villes, pour ainsi parler, sont mortes, Hélice, Pompéi, Herculanum (1), et d'autres, innombrables. Ajoute aussi ceux que tu as connus, l'un après l'autre ; celui-ci rendant les devoirs funèbres à celui-là, puis enseveli à son tour ; d'autres comme lui, tout cela en peu de temps. Bref, il faut toujours considérer les choses humaines comme éphémères et de peu de prix. Il faut donc vivre conformément à la nature durant ce temps infiniment court, et s'en aller gaiement, comme l'olive mûre qui tombe en louant la terre qui l'a nourrie et en conservant de la reconnaissance pour l'arbre qui l'a produite.

49.

Sois semblable à un promontoire, contre lequel les flots se brisent sans relâche, qui reste ferme, et apaise autour de lui les bouillonnements de l'eau. — « Je suis malheureux parce qu'il m'est arrivé telle chose. » — Ne parle pas ainsi, mais dis : « Que je suis heureux, cela m'étant arrivé, de vivre exempt de chagrin, sans blessure après le coup présent, sans crainte du coup à venir ». Car cela pouvait arriver à un tel qui, en pareil cas, n'aurait pas vécu exempt de chagrin. Pourquoi donc ceci est-il plutôt une infortune, cela, plutôt un bonheur ? Est-ce que tu appelles en général malheur de l'homme ce qui n'est pas contraire à sa nature ? et y a-t-il quelque chose de contraire à sa nature, dans ce qui n'est point contraire au dessein de cette nature ? Quoi donc ! tu connais ce dessein ; ce qui t'est arrivé t'empêchera-t-il d'être juste, magnanime, tempérant, prudent, incapable de céder

---

(1) La mer engloutit Hélice, ville d'Achaïe ; une éruption du Vésuve fit disparaître Herculanum et Pompéi, en 79 ap. J.-C.

légèrement, de te laisser tromper, modeste, libre (1), doué de toutes les vertus qui font que la nature de l'homme a son caractère propre (2)? Souviens-toi, d'ailleurs, dans toute circonstance qui te pousse à la tristesse, d'user de ce précepte : que ce n'est point un malheur mais un bonheur de la supporter courageusement.

(1) Libre moralement, c'est-à-dire affranchi des passions.
(2) Ces vertus sont énumérées, l. XI, § 1.

LIVRE V

1.

Le matin, lorsque tu t'éveilles avec une disposition à la paresse, hâte-toi de penser : Je m'éveille pour faire œuvre d'homme ; pour quelle raison serais-je donc fâché de me disposer à faire ce pour quoi je suis né, ce pour quoi je suis venu en ce monde ? est-ce que je suis né pour me réchauffer au lit sous mes couvertures ? — Mais cela est plus agréable. — Tu es donc né pour te procurer de l'agrément ? non pour agir, pour travailler ? Ne vois-tu pas les plantes, les passereaux, les fourmis, les araignées, les abeilles, chacun faisant sa tâche propre, chacun contribuant à l'ordre universel ? est-ce que toi tu refuseras de faire ta tâche d'homme ? est-ce que tu ne te hâteras pas vers ce qui est conforme à ta nature ? — Mais il faut aussi se reposer. — Il le faut ; toutefois la nature a donné des bornes à ce besoin ; elle en a donné de même au besoin de manger et de boire ; toi, cependant, tu vas au delà de ces bornes, au delà de ce qui est suffisant ; mais, quand il faut agir, il n'en est plus ainsi, tu restes en deçà de ce qui peut être fait. Car tu ne t'aimes pas toi-même. Autrement tu aimerais ta nature et ce qu'elle veut. Mais ceux qui aiment leur métier s'épuisent sur leurs ouvrages, sans se baigner ni manger, et toi tu attaches moins de prix à ta nature propre que le tourneur à son art, le danseur à sa danse, l'avare à son argent, l'ambitieux à sa vaine gloire. Et ceux-ci, lorsqu'ils s'appliquent à leur œuvre, songent bien moins à manger et à dormir qu'à mener à bonne fin ce qu'ils méditent : or les actions faites pour le bien public te paraissent-elles plus viles et moins dignes de ton zèle ?

5.

On n'a point sujet d'admirer ta finesse. Soit; mais il est beaucoup d'autres choses dont tu ne peux dire: « Je n'y suis pas apte. » Montre donc ces vertus qu'il dépend de toi de posséder : la sincérité, la gravité, l'endurance au travail, l'abstinence des plaisirs, la résignation, la modération dans les désirs, la bienveillance, la liberté, la simplicité, le dédain des bagatelles, des grandeurs. Ne vois-tu pas combien de choses tu peux faire à l'instant même, pour lesquelles tu n'as pas le prétexte de l'incapacité et de l'insuffisance? et cependant tu restes volontairement inférieur à ta tâche. Es-tu forcé, par une faiblesse inhérente à ta nature, de murmurer, d'être chiche, de flatter et d'accuser ton misérable corps, de céder à tes désirs, d'agir légèrement, de rouler tant de choses dans ton esprit? Non, par les dieux! tu as pu dès longtemps t'affranchir de ces défauts; seulement, si par hasard tu es né avec un esprit lourd, lent à comprendre, travaille sur cette lenteur même, ne la néglige pas, ne t'y complais pas.

6.

Il en est qui, lorsqu'ils ont fait plaisir à quelqu'un, sont prompts à l'en tenir redevable. Un autre n'a pas cette hâte, mais toutefois il regarde l'obligé comme son débiteur et n'oublie pas ce qu'il a fait pour lui. Un troisième ignore en quelque sorte le service rendu; il est semblable à la vigne, qui porte sa grappe, et ne demande rien de plus une fois qu'elle a donné son fruit. Le cheval après avoir couru, le chien après avoir chassé, l'abeille après avoir fait son miel, l'homme après avoir fait le bien, ne va pas le publier, mais il passe à autre chose, comme la vigne portera de nouveau du raisin dans la saison. — Faut-il donc être de ceux qui ne savent pas en quelque sorte ce qu'ils font ? — Sans doute. — Mais il faut savoir ce que l'on fait ; car (dit-on) c'est le propre d'un homme né pour vivre en société de savoir que ce qu'il fait est utile à la société, et, par Jupiter, de vouloir que les membres de la société le sachent aussi. — Ce que tu dis là est vrai, mais tu interprètes mal mes paroles. C'est pourquoi tu seras un de ceux dont j'ai fait mention tout à l'heure. Car ceux-là aussi sont conduits par quelque raisonnement spécieux. Que si tu veux bien comprendre le sens de mes paroles, ne crains pas de négliger, à cause de cela, les actions utiles au bien de la société.

LIVRE VI

6.

La meilleure manière de se venger est de ne pas devenir semblable aux méchants.

7.

Réjouis-toi et repose-toi en passant d'une action utile à la société à une autre également utile, te souvenant toujours de Dieu.

48.

Lorsque tu veux te donner du plaisir, pense aux qualités de ceux qui vivent avec toi, telles que l'activité de l'un, la modestie de l'autre, la libéralité d'un troisième, et ainsi du reste. Car rien ne fait plus de plaisir que les images des vertus visibles dans ceux qui vivent avec nous et exposées en foule à nos yeux. Aie donc toujours ces vertus présentes.

54.

Ce qui n'est pas utile à l'essaim ne l'est pas à l'abeille.

LIVRE VII

22.

C'est le propre de l'homme d'aimer même ceux qui l'offensent. Cela a lieu lorsque l'on songe que les hommes sont d'une même famille, qu'ils font le mal par ignorance et malgré eux, qu'avant peu nous mourrons les uns et les autres, et, par-dessus tout, qu'on ne nous a causé aucun dommage ; en effet, on n'a pas rendu ton âme plus mauvaise qu'elle ne l'était auparavant.

26.

Lorsque quelqu'un a eu des torts envers toi, songe aussitôt à l'opinion qu'il doit avoir du bien et du mal pour pécher ainsi. Car en y pensant tu le prendras en pitié, tu ne t'étonneras plus, tu ne t'indigneras plus. En effet, ou tu as la même opinion que lui sur le bien et sur le mal, ou tu en as une autre analogue. Il faut donc que tu pardonnes. Si tu n'as pas du tout la même opinion que lui sur les biens et sur les maux, tu seras facilement indulgent pour un homme qui y voit mal (1).

68.

Tu peux vivre paisible dans une plénitude de joie, même si tous profèrent contre toi toutes les injures imaginables, même si les bêtes sauvages déchirent les membres de cette masse corporelle qui t'enveloppe. Car, dans toutes ces circonstances, qui empêche l'esprit de conserver

---

(1) Ce sont les faux jugements sur les choses extérieures qui, d'après les stoïciens, nous font commettre le mal.

sa sérénité, de juger, selon la vérité, tout ce qui se passe autour de lui, et de se servir comme il convient des choses qui dépendent de lui? Est-ce que le jugement ne peut pas dire à l'événement: Voici, en substance, ce que tu es, quoique tu paraisses autre à l'opinion; et l'usage des choses ne peut-il dire à ce qui survient: Je te cherchais (1). Car, pour moi, toujours la condition présente est matière à pratiquer les vertus d'être raisonnable et sociable, et, en somme, à pratiquer l'art qui convient à l'homme ou à Dieu. En effet, tout ce qui arrive est rendu familier à Dieu ou à l'homme, et ce n'est rien de nouveau, rien de difficile à manier, mais chose connue et facilement maniable.

(1) Les choses extérieures n'ont de valeur que relativement à l'usage qu'on en fait : le sage peut toujours en faire un bon usage.

LIVRE IX

11.

Si tu le peux, fais qu'il soit mieux instruit ; sinon, souviens-toi que la bienveillance t'a été donnée pour ce cas. Les dieux eux-mêmes sont bienveillants envers de tels hommes ; pour acquérir certaines choses, santé, richesse, réputation, ils les aident. Il t'est permis de faire de même ; ou, dis-moi, qui t'en empêche?

42.

Lorsque tu es offensé par l'impudence de quelqu'un, demande-toi aussitôt : Est-il possible que, dans le monde, il n'y ait pas des impudents? Cela ne se peut. Ne demande donc pas l'impossible. Car celui-ci est un de ces impudents qui nécessairement doivent être dans le monde. Sois prêt à penser de même au sujet du fourbe, du traître, ou de tout autre coupable. En effet, dès que tu te seras rappelé que cette espèce d'hommes ne peut pas ne pas exister, tu seras plus bienveillant pour chacun d'eux. Il est bien utile encore de songer aussitôt à la vertu que la nature a donnée à l'homme contre ce vice. Car elle a donné comme antidote, contre l'ingratitude, la mansuétude, contre un autre vice une autre vertu. En général, il t'est possible de faire que celui qui s'égare soit mieux instruit ; car quiconque fait le mal s'écarte du but proposé et erre au hasard. En quoi t'a-t-on fait tort? tu ne trouveras pas qu'aucun de ceux contre lesquels tu t'irrites ait rien fait qui dût rendre ton esprit pire qu'il n'était ; et c'est en cela que tout mal, tout dommage consiste pour toi. Qu'y a-t-il de mauvais ou d'extraordinaire à ce qu'un ignorant fasse œuvre d'ignorant? Vois si tu ne devrais pas plutôt te reprocher de n'avoir pas prévu qu'il ferait le mal. Car, toi, tu possèdes les principes de la raison pour présumer que vraisemblablement il fera le mal : et cependant, l'ayant oublié, tu t'étonnes qu'il l'ait fait. Principalement lorsque tu te plains d'un traître, d'un ingrat, fait un retour sur toi-même. En effet, c'est ta faute évidemment d'avoir cru qu'un homme de ce caractère garderait sa parole, ou, en rendant un service, de ne pas l'avoir rendu sans réserve, ne tirant d'autre fruit de ton action que l'action elle-même. Car que demandes-tu de plus en faisant du bien aux hommes? Ne te contentes-tu pas d'avoir agi conformément à ta nature et demandes-tu une récompense? C'est comme si l'œil réclamait un salaire parce qu'il voit ou les pieds parce qu'ils marchent. Comme, en effet, ces parties du corps ont été faites en vue d'une certaine fin, comme, en remplissant leur fonction particulière, elles font ce qui leur est propre, ainsi l'homme, né pour faire le bien, quand il rend un service, quand il aide les autres dans des choses indifférentes, accomplit ce pour quoi il est fait et possède ce qui devait être sien.

LIVRE X

1.

Un jour enfin, ô mon âme, seras-tu bonne, simple, une (1) et nue, plus visible que le corps qui t'enveloppe? Goûteras-tu enfin le charme d'une disposition bienveillante et tendre? Seras-tu un jour enfin riche et abondamment pourvue, ne désirant rien, ne convoitant rien de ce qui a vie ou non, ne souhaitant pas les jouissances, ni de les prolonger plus longtemps, ni d'être en un autre lieu, en une autre région, respirant librement, vivant d'accord avec les hommes? Mais si tu te contentes de ta condition présente, tu jouiras de tout ce qui est présentement, et tu te persuaderas toi-même que tout ce qui t'arrive est bon pour toi, vient des dieux, et que ce qui leur paraît bien l'est en effet, qu'ils agissent pour le mieux en vue de la conservation de cette nature parfaite, bonne, juste et belle, produisant, contenant, entourant et embrassant toutes choses, qu'elle dissout pour produire d'autres êtres semblables. Un jour enfin seras-tu en état de vivre dans une si étroite société avec les dieux et les hommes que tu ne te plaignes jamais d'eux, que jamais ils ne te condamnent.

8.

Quand tu auras acquis les titres d'homme bon, modeste, véridique, prudent, ami de la concorde, magnanime, prends garde de ne pas être appelé d'autres noms; et, si tu perds les premiers, reviens-y bien vite. Souviens-toi que le titre d'homme prudent doit signifier pour toi l'ins-

(1) Mettant de l'unité dans ses pensées, toujours la même.

pection méthodique et attentive de chaque chose; que celui d'homme ami de la concorde t'oblige à accepter volontairement ce qui t'est assigné par la commune nature; que celui de magnanime implique une sagesse, une grandeur d'âme au-dessus des émotions douces ou rudes de la chair, de la vaine gloire, de la mort, et autres choses semblables. Si donc tu conserves ces noms, sans toutefois souhaiter que d'autres te les donnent, tu deviendras autre et tu commenceras une nouvelle vie. Car être tel que tu l'as été jusqu'à présent; vivre déchiré et souillé, c'est être privé de sentiment et épris à l'excès de la vie, comme ces bestiaires (1) à demi dévorés, qui, couverts de blessures et de sang, supplient qu'on les conserve pour le jour suivant, quoique devant être livrés à la même place aux mêmes ongles et aux mêmes dents. Pénètre-toi donc de ces quelques titres. Si tu peux les conserver, conserve-les, comme si tu avais été transporté dans une espèce d'île des bienheureux; si tu vois qu'ils t'échappent et que tu ne les possèdes plus, va courageusement dans quelque coin où tu en reprendras possession; ou bien sors de la vie, non avec colère, mais simplement, librement, modestement, en homme qui du moins aura fait ceci dans sa vie d'être parti avec ces sentiments (2). Pour te souvenir de ces titres, tu auras un secours puissant si tu te souviens qu'il y a des dieux et qu'ils veulent, non être flattés par des animaux doués de raison, mais voir ceux-ci devenir semblables à eux, voir le figuier faire ce qui convient au figuier, le chien, ce qui convient au chien, l'abeille ce qui convient à l'abeille, et l'homme ce qui convient à l'homme.

(1) Hommes qui combattaient contre les bêtes sauvages dans les jeux publics.
(2) Les stoïciens, dans quelques cas extrêmes, autorisaient le suicide. Marc-Aurèle semble vouloir dire ici qu'il vaut mieux se tuer que de déchoir moralement.

LIVRE XI

1.

Voici quel est le propre de l'âme raisonnable : elle se voit elle-même ; elle se modèle ; elle se fait ce qu'elle veut être ; le fruit qu'elle porte, elle le recueille elle-même, (car ce que produisent les plantes, les animaux, est recueilli par d'autres) ; elle poursuit la fin qui lui est propre, à quelque moment que soit le terme de sa vie. Ce n'est pas comme pour la danse et l'art dramatique, ou d'autres exercices semblables, dans lesquels l'action entière devient imparfaite si l'on en retranche quelque chose ; mais, quels que soient le temps et le lieu où la mort vous saisit, on a fait parfaitement et sans que rien n'y manque ce qu'on s'était proposé de faire quand on peut dire : « J'ai ce qui est à moi. » En outre, elle embrasse le monde entier, et le vide qui l'entoure, et sa forme ; elle s'étend dans l'immensité de la durée ; elle comprend, elle conçoit la renaissance périodique de toutes choses (1) ; elle considère que ceux qui viendront après nous ne verront rien de nouveau, que ceux qui sont venus avant nous n'ont rien vu de plus, mais que l'homme de quarante ans, s'il a quelque bon sens, a, en quelque sorte, vu tout ce qui a été et tout ce qui sera, puisque ce sont toujours choses de même espèce. Le propre d'une âme raisonnable est aussi d'aimer son prochain, et la vérité, et la modestie, et de n'estimer rien au-dessus d'elle-même comme c'est le propre de la loi. Ainsi donc la droite raison ne diffère en rien de la règle de justice.

(1) Allusion à ces évolutions périodiques auxquelles les stoïciens croyaient le monde soumis.

18.

Neuvièmement. — (Souviens-toi) que la bienveillance est invincible si elle est sincère, non simulée ni hypocrite. Car que peut te faire le plus insolent des hommes, si tu persistes à être bienveillant envers lui, à l'exhorter avec calme quand l'occasion s'en présente, à modifier sans colère, quand il s'efforce de faire du mal, son opinion sur le mal : « Non, mon enfant ; nous sommes nés pour autre chose (1). Ce n'est pas à moi que tu fais du mal, c'est à toi-même, mon enfant. » Montre-lui adroitement et d'une manière générale que cela doit être ainsi, que ni les abeilles ni les autres animaux vivant en troupes n'agissent comme lui. Il ne faut pas que tu le fasses avec ironie ou insolence, il faut l'avertir affectueusement et sans aigreur dans l'âme, non comme dans l'école pour te faire admirer des auditeurs, mais comme s'il était seul, même quand d'autres sont présents.

21.

Celui qui ne donne pas à sa vie un seul et même but ne peut y introduire l'unité et l'égalité. Ce qui vient d'être dit ne suffit pas si l'on n'y ajoute quel doit être le but de la vie. En effet, de même que l'opinion des hommes n'est pas unanime au sujet des choses qui paraissent des biens au plus grand nombre, mais qu'elle l'est seulement au sujet de certains biens, ceux qui sont communs à tous, ainsi nous devons nous proposer pour but ce qui est utile à la société et à la cité. Car celui qui dirige tous ses efforts vers ce but fera toujours des actions pareilles, et à cause de cela sera toujours semblable à lui-même.

---

(1) Nous sommes nés pour nous aimer et nous entr'aider.

LIVRE XII

36.

O homme, tu as été citoyen dans cette grande cité (1) ; que t'importe de l'avoir été cinq ou trois années? Car ce qui est selon les lois est juste pour chacun. Qu'y a-t-il donc de terrible à être renvoyé de la cité non par un tyran, non par un juge injuste, mais par la nature qui t'y avait introduit? tel un comédien congédié du théâtre par le stratège qui l'y avait reçu. — Mais je n'ai pas joué les cinq actes, je n'en ai joué que trois. — Tu dis vrai; c'est que, dans la vie, les trois actes sont le drame entier. Car celui-là fixe à son gré la fin qui naguère fut l'auteur de l'ensemble et qui maintenant est l'auteur de ta dissolution; tu n'es la cause ni de l'un ni de l'autre. Va-t'en donc le cœur joyeux comme celui qui t'a congédié.

(1) Cette grande cité est le monde.

TABLE DES MATIÈRES

ÉPICTÈTE

Introduction.. 5

MANUEL (*Extraits*).

- I. — Distinction entre ce qui dépend de nous et ce qui n'en dépend pas. 7
- V. — Ce qui peut seul nous troubler, ce sont nos opinions............. 8
- VI. — Ce qui seul doit nous rendre fiers, c'est le bon usage que nous faisons de nos opinions... 9
- VIII. — Savoir céder à la nécessité, c'est être libre.................. 9
- IX. — L'homme ne peut rencontrer d'autre obstacle que lui-même...... 10
- XI. — Perdre et rendre... 10
- XIX. — Comment on peut être invincible. Placer le bien en nous seuls est le moyen de supprimer en nous l'envie............................ 10
- XX. — Nul outrage ne peut nous venir d'autrui, mais de nous-mêmes.... 11
- XXV. — De quel prix on achète les biens extérieurs.................... 11
- XXIX. — Comment il faut examiner une action avant de l'entreprendre.... 12
- XXXI. — Le vrai culte envers la divinité............................... 14
- XXXIII. — D'un type idéal de conduite................................. 16
- XXXVII. — Ne pas changer notre rôle................................... 16
- XLIII. — Les deux anses.. 17
- XLIV. — Ne pas confondre soi et ce qui est à soi..................... 17
- LI. — Pratique et théorie... 17

ENTRETIENS (*Extraits*).

- **Livre Ier.** — Chapitre Ier. — Des choses qui sont en notre pouvoir et de celles qui n'y sont pas.. 19
- Chap. XXIV. — Comment on doit lutter contre les vicissitudes........... 22
- Chap. XXIX. — De la constance... 25
- Chap. XXX. — Ce qu'il faut avoir présent à l'esprit dans les vicissitudes...... 32
- **Livre II.** — Chap. II. — De la tranquillité d'âme.................... 33
- Chap. X. — Comment de nos différents titres, doivent être déduits nos différents devoirs.. 35
- Chap. XV. — Sur ceux qui persévèrent obstinément dans ce qu'ils ont décidé. 38
- **Livre III.** — Chap. XX. — On peut tirer profit de toutes les choses extérieures... 41
- **Livre IV.** — Chap. IV. — Contre les hommes belliqueux et farouches....... 44
- Chap. XII. — De l'attention... 49
- Chap. XIII. — Pour ceux qui révèlent trop facilement ce qui les concerne. 51

MARC-AURÈLE

Introduction.. 55
LES PENSÉES (*Extraits*).. 56

À LA MÊME LIBRAIRIE

LUDOVIC CARRAU. — Notions de Morale. 1 vol. in-8 broché.......... 2 75
   Relié toile.. 3 »
J. VAUDOUER. — Lectures morales et littéraires. 1 vol. in-18 broché.... 2 25
   Relié toile.. 2 60
ROCHEROLLES. — Grammaire, langue française et littérature.
   Cours préparatoire. 1 volume in-18 cartonné........................ 0 50
   Cours élémentaire. 1 volume in-18 cartonné........................ 0 75
   Cours moyen. 1 volume in-18 cartonné............................. 1 25
   Livre du maître. 1 volume in-18 relié toile......................... 2 50
ROCHEROLLES et PESSONNEAUX. — Cours supérieur de Grammaire, langue française et littérature. 1 vol. in-18 cartonné.......... 2 25   Relié toile, 2 60
   Livre du maître. 1 volume in-18 relié toile......................... 3 50
DRIAULT. — Exercices de Grammaire en rapport avec le Cours supérieur. 1 volume in-18 cartonné...... 0 90 Relié toile............. 1 25
   Livre du maître (*Sous presse.*)
DELAPIERRE et De LAMARCHE. — Exercices de mémoire. Morceaux de prose et de poésie empruntés aux classiques.
   Cours élémentaire. 1 volume in-18 cartonné........................ 0 30
   Cours moyen. 1 volume in-18 cartonné............................. 0 60
   Cours supérieur. 1 volume in-18 cartonné.......................... 0 80
J. VAUDOUER. — Lectures expliquées. Lecture expressive. Prose. Poésie. Explication du texte. Remarques grammaticales. 1 vol. in-18 cartonné....... 0 60
FÉNELON. — De l'Éducation des filles, avec introduction, notes et commentaires, par G. Compayré. 1 vol. in-18 broché.. 1 50 Relié toile............ 2 »
BURLE. — L'Histoire nationale racontée aux enfants. 1 vol. in-4° cart.... 0 75
BONDOIS et CHALAMET. — L'Histoire nationale racontée aux adolescents. (*Sous presse.*)
   Ces deux volumes sont publiés sous la direction de M. Edgar Zevort, Recteur de l'Académie de Caen.
M. CAMUS. — Lectures historiques. 1 fort vol. in-18 illustré. (*Sous presse.*)
E. COMBETTE. — Arithmétique, Système métrique et Géométrie.
   Cours élémentaire. 1 volume in-18 cartonné........................ 0 80
   Problèmes et Exercices complémentaires. 1 volume in-18 cartonné..... 0 45
   Cours moyen et supérieur. 1 volume in-18 cartonné................. 1 60
   Livre du maître. 1 volume in-18 cartonné.......................... 2 50
COMBETTE et CUISSART. — Choix de problèmes donnés dans les examens, 1 volume in-18 cartonné... 1 25
   Livre du maître. 1 volume in-18 cartonné.......................... 3 50
EDMOND PERRIER. — Éléments de Sciences physiques et naturelles. 1 volume in-18 cartonné... 0 75
MARCHEF-GIRARD. — Cours d'Économie domestique. 1 vol. in-18 broché.. 2 25
   Relié toile.. 2 60
LIEBERMANN. — L'Allemand enseigné. Lecture, écriture, prononciation. Méthode pratique en 4 cahiers. Le cahier............................ 0 40
EAST. — L'Anglais enseigné. Lecture, écriture, prononciation. Méthode pratique en 4 cahiers. Le cahier..................................... 0 40

Paris. — Imp. Picard et Kaan, 192, rue de Tolbiac. 798. E. C. C.